Jörg Zink

Vor uns der Tag

Was die Passions- und die
Ostergeschichte bedeuten

Herder

Freiburg · Basel · Wien

Alle Rechte vorbehalten – Printed in Germany
© Verlag Herder Freiburg im Breisgau 1995
Lizenzausgabe mit freundlicher Genehmigung des
Verlags am Eschbach
Herstellung: Freiburger Graphische Betriebe 1995
Umschlaggestaltung: Joseph Pölzelbauer
Umschlagmotiv: Markus Lüpertz, Kathedrale – Babylon,
dithyrambisch XIV, 1975,
© Galerie Michael Werner, Köln und New York
ISBN 3-451-04334-3

Inhalt

Vorspiel

Mitgehen

Als ich einundzwanzig Jahre alt war, begegnete mir die Geschichte vom Leiden und Sterben eines gewissen Jesus von Nazareth zum erstenmal so, daß sie mich wirklich interessierte. Es war Krieg. Um mich her spielte sich das Sterben fast aller meiner Kameraden meiner damaligen Einheit ab. Ich haßte die Schießerei, aber ich fand nicht den Mut, sie zu verweigern. Ich diente einem Staat, dem Gerechtigkeit ein Fremdwort war, und setzte mich dafür ein, daß er diesen Krieg gewinnen sollte. Ich lebte gespalten wie unzählige junge Menschen damals. Ich wollte frei sein und war doch eingezwängt in das brutale System von Befehl und Gehorsam. Eines Tages stand ich vor einem Kriegsgericht und entging knapp dem Todesurteil. Seitdem weiß ich, was ein Gericht ist, das gegen das Recht einem politischen Diktat dient, und seitdem gewann die Geschichte vom »Prozeß« gegen Jesus für mich eine immer genauere Bewandtnis.

Seitdem sind fünfzig Jahre ins Land gegangen. Damals, im Krieg, als wir beim besten Willen nicht verdrängen konnten, was wir sahen, habe ich aus dieser Geschichte Gedanken gewonnen, die mir bis dahin fremd und unbekannt gewesen waren.

In den Jahrzehnten seither habe ich auf langen Wegen des Nachdenkens und des Mitgehens ihre eigentümliche Kraft erfahren. Sie hat viele Sorgen unwichtig gemacht und viel Angst unnötig. Sie hat mir aufgezeigt, worauf es ankommt, wenn einer dem Ernstfall begegnet und wenn er mit all dem zurechtkommen will, was an Leid und Entbehrung, an Selbstzweifel und Mutlosigkeit auf ihn zukommt. Schließlich wurde sie mir zum Grundmodell für einen Menschenweg, der Sinn hat, der frei und zuversichtlich gegangen werden kann und am Ende an ein großes Ziel führt.

Heute möchte ich diesen Weg, sozusagen im Vorblick auf den Rest meines Weges, deuten. Und zwar so, daß immer zwei Wege mir vor Augen stehen: der Weg des Jesus von Nazareth und mein eigener. Und ich möchte fragen, was der Weg jenes Einen für die Wege von uns vielen zu bedeuten habe.

Ich stelle also zwei Fragen. Die eine lautet: Was ist damals wirklich geschehen? Wo und wann und wie? Ich möchte trennen zwischen dem, was damals sich wirklich ereignet hat, und allerlei legendären Ausmalungen. Das ist heute besser möglich als noch in der Zeit, als ich nach dem Krieg studierte. Vieles, was man damals angezweifelt hat, hat sich inzwischen als erstaunlich zuverlässig erwiesen. Die Frage ist nicht überflüssig. Denn der christliche Glaube kann nicht in sich stimmig sein, wenn die Unterscheidung zwischen dem, was geschah, und dem Rankenwerk der schönen Legenden nicht getroffen wird. Wird sie aber getroffen, gewinnt er viel an Kraft und Klarheit.

Keine Phase im Leben des Mannes aus Galiläa ist so sorgfältig überliefert worden wie jene letzten sieben Tage in Jerusalem, offenbar deshalb, weil schon die Augenzeugen unter dem Eindruck standen, irgend etwas in dieser Abschiedsgeschichte spiegele sich in dem eigenen Weg und Schicksal und irgend etwas in ihr gebe ihnen eine neue und bis dahin unbekannte Freiheit.

Und so stelle ich die zweite Frage: Welche Bedeutung hat, was damals geschah, heute für uns? In zweitausend Jahren war diese Frage den Christen immer gegenwärtig. Aus den Antworten, die sie fanden, erwuchs die Bilderfolge des »Kreuzweges«. Es entstanden die großen Bildwerke des Mittelalters, die bis heute dem Betrachter die Leidensgeschichte von damals auf den Tafeln der Altäre vor Augen stellen, Station für Station. »Station« heißt in der Sprache der Kirche so viel wie aufmerksames Schauen, einen Halt machen und sich dem stellen, was auf den Schauenden zukommt. Dabei erwies sich den Menschen in all den zwanzig Jahrhunderten, wie sehr dies nicht nur ein Weg des Leidens ist, sondern ein Weg, auf dem das Leiden gerade überwunden wird. Immer stand ihnen der Ausgang vor Augen, der nicht das Grab war, sondern die Auferstehung. Und sie begriffen, daß dies und gleichzeitig ihr eigener Weg auf Erlösung hinauslaufe, daß er ein Weg in die Freiheit sei.

Wenn ich sehe, in was für eine Zeit und was für einen Zeitgeist wir inzwischen geraten sind, dann will mir scheinen, solche Betrachtung eines großen Leidensschicksals passe nicht mehr in diese Epoche. Ihr Merkmal, jedenfalls für unser Land und seine westliche Umgebung, ist ja, daß man den Anblick des Leidens nach Möglichkeit vermeidet. Wir sind darin aufs beste geübt, alles, was Leiden heißt, nicht wahrzunehmen. Kranke entschwinden zu oft aus dem Umkreis der Gesunden, Alte aus dem Umkreis der Leistungsfähigen, und Tote werden oft in neutralen Fahrzeugen abgeholt, so daß niemand zu bemerken braucht, daß hier ein Mensch starb. Die Entwicklung der letzten Jahre ist eine Geschichte immer erfolgreicherer Leidvermeidung. Bedürfnisse müssen sofort befriedigt und Ansprüche sofort erfüllt werden. Lebensfreude wird eingefordert wie ein Grundrecht. Freiheit ist selbstverständlich unbegrenzt. Kommt aber das Glück nicht über den Weg gelaufen, so hat man das Recht auf Vorwürfe gegen die Menschen und gegen Gott oder auch auf Rauschgift und Selbsttötung. Ist das zu einseitig beschrieben? Ich fürchte, es trifft die Grundstimmung dieser Zeit.

Die Folge ist eine tiefe Unordnung in der Seele vieler Menschen. Was sie heilen könnte, wäre, daß sie der Wahrheit ihres Daseins begegneten und vor ihr standhielten. Man vermeidet den Tod nicht dadurch, daß man ihn verschweigt, man vermeidet das Altwerden nicht durch Kosmetika, die Krankheit nicht dadurch, daß man für das Weltproblem Nummer eins die eigene Gesundheit hält, die Angst nicht dadurch, daß man eine Karriere macht. Man umgeht den Abgrund der Sinnlosigkeit nicht dadurch, daß man sein eigenes Ich in den Mittelpunkt bringt. Und man wird schuldig, auch wenn man Moral für eine überholte Sache hält. Der Kreuzweg aber ist so für uns – oder kann es sein – ein Weg in das Bestehen von Grenzerfahrungen, die uns nun einmal zugemutet sind.

Es ist für mich nicht verwunderlich, daß so viele unter uns wohlversorgten Zeitgenossen so merkwürdig mutlos und unglücklich sind, so verängstigt und bedrückt, und daß der Wohlstand nur aufgemalt ist auf die Gesichter von unzufriedenen Menschen. Alle Jahre nehmen Depression und Angst unter uns zu. Für immer mehr Menschen, auch sehr junge, wird die Welt dunkel und eng wie ein Gefängnis. Solange so dilettantisch gelebt und gestorben wird, tut uns ein Elementarkurs wie die Leidensgeschichte des Mannes aus Nazareth dringend not.

Auf der Schwäbischen Alb, nahe dem Dorf Salmendingen, gibt es einen Berg, den ich besonders liebe, den Kornbühl. Er liegt als steiler Kegel frei auf der Hochfläche, einsam und großartig. An seinem Fuß beginnt ein Weg, der durch einige Serpentinen auf den Gipfel führt zu einer Kapelle, die weit über das Land schaut. Am Weg stehen steinerne Bildstöcke, künstlerisch eher primitiv als schön, die den Passionsweg des Jesus von Nazareth darstellen.

Der Abstand zwischen den einzelnen Stationen ist so groß, daß der Ansteigende Zeit hat, sich jede einzelne Episode zu vergegenwärtigen, bis die nächste ihm begegnet und wieder die nächste, bis er schließlich dem Kreuz auf dem Altar der Kapelle gegenübersteht und ihn am Ende, wenn er wieder aus der Kapelle tritt, eine große Weite und Freiheit empfängt. Ich bin diesen Weg seit meiner Studentenzeit oft gegangen. Dabei habe ich erfahren und eingeübt, was heute im Zeitalter der Täter notwendig ist: das Vernehmen, das Schauen, das Erfahren und dabei das Einvernehmen mit dem, der uns unser Schicksal zumißt und uns am Ende aus der Enge dieses Daseins in die Weite seiner Gegenwart führt.

Wir gehen in diesem Buch also einen Weg. Wege, die durch eine Landschaft führen, sehen wir vor uns mit ihren Höhen und Tiefen und Biegungen. Aber wir sehen nicht, wohin sie am Ende führen. Geistige Wege, Schicksalswege, haben es darüber hinaus an sich, daß sie auf keiner Landkarte eingezeichnet und in der Landschaft, die vor uns liegt, nicht sichtbar sind. Sie entstehen erst dadurch, daß wir Schritt vor Schritt setzen. Das Ziel ist unsere Anwesenheit vor Gott. Dort aber geht es nicht mehr um uns selbst. Auf den Altären stehen keine Spiegel. Es geht dann nicht mehr um das Bild, das wir von uns selbst haben, sondern um das Bild Gottes, das wir vor uns sehen und das uns im Rückblick auch unser eigenes Bild deuten wird und den Sinn unserer Wege auf dieser Erde zugleich.

Dieses Buch ist in acht Kapitel eingeteilt, und der Weg durch das Buch ist ein Weg in acht Schritten. Warum ist das so? Sehr einfach deshalb, weil vom Einzug Jesu in Jerusalem bis zu seiner Auferstehung, also vom Anfang bis zum Ende der Leidensgeschichte, acht Tage vergehen. Sieben Tage währt das Leiden, am achten Tag tut sich das ganz Neue kund, das Andere, das Befreiende, das Erlösende.

Der erste Petrusbrief spricht davon, acht Menschen seien durch die Sintflut hindurch gerettet worden. So wurde die Zahl Acht für die frühen Christen zur Zahl der Rettung und der Wiedergeburt. Und so verband sich die Zahl Acht mit der Taufe, dem Symbol der Rettung aus der Sintflut des Todes. Später bauten darum die Christen ihre Taufkapellen, ihre Baptisterien, in der Regel achteckig, oktogonal.

Damit schufen sie aber nichts Neues. Es gibt eine uralte Weisheit schon der frühen Völker um die Zahl Acht. Sie entdeckten, daß die Musik sieben Töne hat und daß der achte Ton den ersten wieder aufnimmt und mit ihm die ganze Folge der Töne auf eine neue Ebene hebt.

Die alte Welt sprach von sieben Planeten und davon, wer über die Zone dieser sieben Planeten hinausgelange, finde Zugang zu jener anderen geistigen Welt, in der er Gott finde und seine eigene Freiheit. Im I-Ging umfassen acht mal acht-Zeichen die Fülle aller Schicksale und aller Wandlungsmöglichkeiten des Menschen. Acht Richtungen hat die Windrose, acht Speichen das Rad des

Lebens. Der Islam glaubt an acht Paradiese usw. Die Acht war immer schon ein Zeichen der Erlösung, der Befreiung und der Erfüllung, ein Zeichen des Ziels, das dem Menschen vor Augen steht.

Es scheint mir nach all dem nicht zufällig, daß Jesus seine Freunde und Nachfolger auf achtfache Weise selig preist. In den sogenannten Seligpreisungen zeigt er ihnen, wo und wie in der Schwere des Menschenweges auf dieser Erde Sinn aufscheint, Hilfe und Rettung. »Selig die Armen, die Barmherzigen, die Verfolgten!« Warum sind sie selig? Weil sie den ursprünglichen, den originalen Christusweg auf ihre Weise mitgehen. Der Christusweg ist der Weg, der in Liebe und Opfer durch das Leid dieser Erde gegangen wird bis in den Tod und in die Erlösung, und die Passions- und Ostergeschichte zeigt ihn. Darum ist er in diesem Buch in acht Schritten dargestellt, am Ende jedes Schrittes aber ist eine der Seligpreisungen ausgelegt (S. 42, 62, 86, 110, 130, 152, 162, 178).

Das Geschick des Christus, in dem sich unser Menschenweg spiegelt, gibt uns Weisungen für unseren Weg auf dieser Erde. Und wenn uns Christus im achtfachen Pfad der Seligpreisungen sein Wort dazu gibt, dann zeigt er und damit den Sinn und das Ziel unseres Weges.

I

Abschied und Klage

Die Geschichte, die ich zunächst erzählen will, begann eine Reihe von Tagen vor jenem festlichen Einzug in die Stadt Jerusalem, bei dem Jesus, auf einem Esel reitend, von den einziehenden Pilgern und den Bewohnern begeistert als der neue König von Israel begrüßt wurde. Sie begann, als er noch unterwegs war.

Von Galiläa, dem Land im Norden des Landes, zogen Jesus und seine Begleiter ins Jordantal, den Jordan abwärts bis Jericho und von dort durch die Wüste Juda hinauf bis vor die Stadt. Unterwegs nahm er die Zwölf einmal beiseite und erklärte ihnen den Sinn dieser Reise: »Wir gehen nach Jerusalem. Dort wird man mich den Priestern und den Schriftgelehrten ausliefern. Die werden mich verurteilen und den Römern überstellen. Man wird mich schlagen, anspeien, geißeln und töten. Und am dritten Tag danach werde ich auferstehen.« (Matthäus 20,18 f.)

Die Geschichte beginnt dort, wo der Mann aus Nazareth noch die Freiheit hat, seinen Weg zu bejahen oder zu verweigern. Wo er einsam mit Gott und mit sich selbst erkennt, was er zu tun hat, wo er also einsam in sich hineinhorchend vernimmt, welche

Stunde die Uhr geschlagen hat. Wir aber, die jene Geschichte bedenken, werden immer wieder, wie er, dort einsetzen müssen, wo wir auf die Uhr unseres eigenen Geschicks achten. Es könnte ja sein, daß wir eines Tages hören: Es ist so weit. Jetzt wird es ernst. Jetzt nimm deine Kräfte zusammen. Was bisher war, hilft nun nicht mehr. Jetzt beginnt etwas, das darf ich nicht versäumen.

Dazu ist mehr Wachheit nötig, als wir normalerweise aufbringen. Denn unser Ohr ist zunächst einmal nicht geübt, diese Uhr zu hören. Wir träumen uns in die Zukunft voraus oder hängen an der Vergangenheit. Wir halten die Phase des Erfolges fest, wenn es um Erfolg längst nicht mehr geht, die Phase des Leistens oder des Genießens, sondern Leid, Verzicht oder Einsamkeit längst im Zimmer stehen. Viele wähnen sich in der Zeit des Abbauens und des Ermüdens, während noch gesunde Kräfte genug in ihnen aufgerufen werden könnten. Weil man aber den Schlag der Uhr nicht hört, hadert man mit dem Schicksal. Hörte man die Stunde, so wäre mehr Freiheit zu eigenen Entscheidungen, und die Entscheidungen könnten zu einer Zeit fallen, in der die Kräfte noch lebendig sind.

Jesus spricht, auch sonst während seines Lebens, immer wieder von seiner »Stunde«. »Meine Stunde ist noch nicht gekommen.« Oder: »Die Stunde ist da.« Damit sagt er: Meinem Geschick liegt eine Absicht zugrunde, ein Plan, der sozusagen auf einer geistigen Landkarte eingetragen ist wie ein Weg. Ich muß sehen, daß ich ihn finde. Ich füge mich also dem Willen, der ihn mir zugedacht hat, und achte auf die Zeiten, auf die Wegkreuzungen und auf das Land, durch das dieser Weg führt. Wenn aber seine Schüler und Begleiter hinterhergehen, zunächst verwirrt und unschlüssig, dann finden sie allmählich nicht nur den Weg, den Jesus zu gehen hat, sondern auch ihren eigenen. Sie hören nicht nur Jesus von seiner »Stunde« reden, sondern beginnen auch, auf ihre eigene zu achten.

Und so folgt der Ritt auf dem Esel, der von einem Dorf am Rand der Wüste über den Ölberg durch das Kidrontal und von der unteren Stadt her auf den Tempelberg führt. Es ist eine Woche vor dem Passafest. In Jerusalem strömen Zehntausende von Pilgern und Festgästen zusammen. Als sie wahrnehmen, Jesus der Prophet aus Galiläa sei auch in den Pilgerzügen, versammeln sie sich am Weg vor der Stadt und begrüßen ihn begeistert mit dem alten Zuruf, den man einem neuen König entgegenbrachte:

»Gepriesen sei der König!
Gepriesen sei, der von Gott kommt!
Heil und Segen für ihn
von den Höhen des Himmels!«
(Matthäus 21,8 f.)

Von Mund zu Mund breitete sich die Nachricht aus: Er, der Erwartete, der Erhoffte kommt. Der Jubel muß groß gewesen sein und die Erwartung gespannt. Die Leute rissen Palmzweige ab und winkten ihm damit zu. Sie breiteten Kleider auf den Weg und sangen den alten Königshymnus:

»Ruft in Jerusalem aus: Euer König kommt!
Auf einem Esel reitet er,
auf dem Füllen der lastbaren Eselin!
Er wird Frieden bringen von einem Meer
zum anderen
und bis an das Ende der Erde.
Gepriesen sei er, der von Gott kommt!
Hilf ihm Gott! Er ist unser König!«
(Psalm 118 und Sacharja 9,9 f.)

Aber es war eine Stunde der Mißverständnisse. Jesus war nicht der heimliche Partisanenführer, für den viele ihn hielten, der nun die Macht ergreifen wollte. Immer wieder hatten sich in den Jahren davor Aufständische erhoben, die sich die Befreiung ihres Landes von der römischen Herrschaft zum Ziel setzten, und ihre bewaffneten Aktionen hatten regelmäßig in Blutbädern und Massenhinrichtungen geendet. Jesus ging es auch um etwas anderes als um eine Krone. Ihm ging es um eine neue Art von Gerechtigkeit in seinem Volk und um eine Alternative des Friedens zur Politik der brutalen Gewalt in seinem Land. Immer und immer wieder hatte er die Kreuzigungen von Schuldigen und Unschuldigen mitangesehen. Unermüdlich fragte er die Menschen seiner Zeit, ob sie nicht doch bereit sein wollten, diese Logik von Haß und Angst und Gewalt und Leiden zu überwinden. Ob sie nicht aufwachen wollten aus ihren Träumen von Macht und Freiheit, ehe es zu spät ist.

Wir haben als Kinder zu Hause am Palmsonntag, an dem man dieses Einzugs gedenkt, morgens das Spiel vom Palmesel gespielt. Wir haben den, der am längsten schlief und als letzter aufstand, zum »Palmesel« erklärt, und diese Rolle spielte er für den Rest des Tages: die eines verschlafenen Menschen, der nicht erkennt, welche Stunde geschlagen hat, und darum den Einzug Jesu in Jerusalem, das heißt in unser Land und unsere Zeit, verpaßt.

Am Abend desselben Tages saß Jesus denn auch gegenüber der Stadt auf dem Ölberg, weinte über sie und rief aus: »Wenn ihr doch heute erkennen würdet, was zu eurem Frieden dient! Aber ihr seht es nicht. Es wird eine Zeit kommen, da werden eure Feinde um euch her einen Wall aufwerfen, euch belagern und von allen Seiten angreifen. Sie werden euch und eure Kinder totschlagen und keinen Stein auf dem anderen lassen, weil ihr die Zeit nicht erkannt habt, in der Gott euch besuchen wollte.« (Lukas 19,41-44)

In dem Spiel vom Palmesel, der am längsten schläft, verbirgt sich eine gefährliche Bedeutung: Wer zu lange schläft, kann die Stunde nicht erkennen, in der er steht, und er kann nicht tun, was ihn retten würde. Wenn er schließlich erwacht, wird es zu spät sein. Er wird dann vielleicht die Aufgaben von heute mit den Mitteln von gestern zu lösen suchen und dabei scheitern.

Am Rande unserer Geschichte und gleich an ihrem Anfang taucht also eine politische Frage auf. Was Jesus auf dem Ölberg sagt, richtet er an diejenigen, die in Jerusalem die Macht haben, und an die Massen, die von ihren Träumen nicht loskommen. Er meint die Wege, die zu Frieden oder Krieg führen, zu Unrecht oder Gerechtigkeit.

Was dürfen wir Heutigen in unserer Stunde nicht verschlafen? Was ist heute so neu und anders als die politischen Rezepte früherer Zeiten? Was bedeuten seine Gedanken für unsere heutige Weltsituation? Es geht zwar in der Geschichte des Mannes aus Galiläa nicht in erster Linie um politische Dinge, es geht um unseren Verstand, um unser Herz und Gewissen und um unseren Glauben, aber in jener Stunde ging es durchaus auch um den Weg zu politischem Frieden. In jener Stunde lag im Spiel um den Palmesel durchaus die Warnung an die, die noch an die alten Mittel glaubten, an das Vaterland und an die Macht, an Gewalt und Krieg und nationale Ehre oder auch an die Macht der Wirtschaft und ihren Erfolg und ihr Wachstum. Jene Stunde empfiehlt uns allen dringend, neue Mittel und Wege zur Wahrung von Frieden und Gerechtigkeit zu erproben, um unseres eigenen Lebens und um der Zukunft unserer Kinder willen.

Was spielte sich eigentlich ab an jenem ersten Tag? Welche Kräfte prallten da aufeinander? Wer wollte den Tod dieses Mannes? Im Neuen Testament ist immer wieder die Rede von »den Juden«. Und die Kirche hat in ihrer langen Geschichte immer wieder »die Juden« als ganzes Volk für den Tod des Jesus von Nazareth haftbar gemacht. Wir wissen heute, daß dies bei weitem zu allgemein geurteilt ist. Es ist auch üblich geworden, von jenen Menschen so zu sprechen, daß sie an dem einen Tag »Hosianna« sangen und am anderen »Kreuzige!« schrien. Aber waren das wirklich dieselben Menschen?

Zu jener Zeit gab es in und um Jerusalem vor allem drei religiöse Gruppen, die auch politische Meinungen und Absichten in die Diskussion einbrachten und die Jesus mit sehr verschiedenen Augen sahen.

Als erstes sind die *Pharisäer* zu nennen. Das war eine breite Volksbewegung, die auf praktische Frömmigkeit und auf genaue Befolgung des biblischen Gesetzes ausging. Sie reichte in jedes Dorf, unterschied sich aber nach Frömmigkeitstypus und praktischen Lebensregeln von der Gemeinde im nächsten Dorf. Wir vermuten heute, daß Jesus selbst aus ihren Kreisen hervorging und unter ihnen seine Anhänger gewann. Daß er immer wieder in Gegensatz zu vielen unter ihnen geriet, besagt nicht viel. Gegensätze des Glaubens oder der Schriftauslegung wurden unter den Pharisäern offen und hart ausgetragen. Auf abweichende Meinungen mit Todesurteilen zu reagieren, gehörte nicht zu ihrem Stil. Was Jesus betrifft, so lag sein Gegensatz zu vielen unter ihnen in der Frage, worin die von Gott gewollte Gerechtigkeit des Menschen bestehe. Viele von ihnen bezeichnete er als Heuchler, weil sie selbst nicht taten, was sie von den Menschen verlangten. Aber er bekämpfte nicht so sehr ihre Lehre, sondern forderte sie vor allem zu mehr Konsequenz, nach ihrer Lehre zu leben, auf. Es war danach charakteristischerweise ein Pharisäer, der Ratsherr Josef von Arimathäa, der ihn in seinem eigenen Felsengrab begrub. Es war auch ein Pharisäer, Gamaliel, der kurze Zeit später Petrus und die junge Gemeinde vor dem »Hohen Rat« in Schutz nahm (Apostelgeschichte 5,34-42). Und es war die Fraktion der Pharisäer im Hohen Rat, die Jahre später gegen die Fraktion der Sadduzäer durchsetzte, daß Paulus nicht verurteilt wurde (Apostelgeschichte 23,6-9).

Als zweite Gruppe erscheinen in den Evangelien die *Sadduzäer*. Sie stellten die priesterliche Aristokratie dar und übten ihre Macht vor allem am Tempel und in der Stadt Jerusalem aus. Die Hohenpriester und eine starke Fraktion im »Synedrium«, der höchsten Instanz der begrenzten Selbstverwaltung, die die Römer den Juden zugestanden hatten, kamen aus ihren Reihen. Ihr Ansehen beim Volk freilich, das vor allem durch die Pharisäer repräsentiert war, war eher gering. Sie waren als Kaste, für die politische Gesichtspunkte wichtiger waren als religiöse und die auf ein schiedlich-friedliches Verhältnis mit den verhaßten Römern abzielte, unbeliebt und weitgehend verachtet. Aus ihnen, wie später zu zeigen sein wird, setzte sich das Tribunal zusammen, das Jesus an die Römer auslieferte. Sie waren die eigentlichen Gegner, die Jesus vor sich hatte.

Die dritte Gruppe war die der *Essener*, über die in den letzten Jahren viel, auch viel Unsinn, geschrieben worden ist. Sie waren eine mönchische Sekte, hatten sich vom Tempel und seiner Priesterschaft losgesagt und lebten am Toten Meer in ihrem Kloster Qumran. Daß Jesus mit ihnen in Verbindung gestanden habe, wie immer wieder behauptet wird, oder gar einer von ihnen gewesen sei, ist klar widerlegt. Freilich gab es im ganzen Volk eine sogenannte »Essenische Peripherie«, das heißt eine weit verbreitete Bewegung von Anhängern und Parteigängern der Essener, auf die Jesus mit Sicherheit immer wieder stieß und auf die sich manche Worte Jesu offensichtlich beziehen, wie etwa die Geschichte vom ungerechten Haushalter (Lukas 16,1-9), in welcher die Rede von den »Söhnen des Lichts« sich mit deutlicher Ironie auf eine Auseinandersetzung mit Essenern bezieht. Aber als Feinde, die seinen Tod gewollt hätten, kann man sie nicht bezeichnen.

Suchen wir nach den Kräften, die Jesus als echte Feinde gegenüberstanden, so engt sich der Kreis derer, die in Frage kommen, auf eine kleine Gruppe von Priestern, Regierenden und Gelehrten ein und auf andere, die im unmittelbaren Zusammenhang mit der Tempelpriesterschaft standen. Der Grund für die Feindschaft lag aber weniger in dem, was Jesus lehrte. Er lag vielmehr in der Tatsache, daß er mit dem, was er lehrte, auf den Tempel übergriff und mit seiner Botschaft vom Reich Gottes in den Machtbereich der Priester eindrang, in jener Situation vor dem Passafest gefährlich unterstützt von einem starken Teil der Festpilger und der Bevölkerung. Es waren also keineswegs »die Juden«, die den Tod des Mannes aus Nazareth verschuldeten, sondern ein kleiner Klüngel von Mächtigen, die um ihren Einfluß fürchteten. Es wird später noch einmal davon die Rede sein.

Wie können wir uns den Einzug in den Tempel vorstellen, durch den Jesus die Entscheidung suchte? Der Niederländer L. Ritmeier hat eine auf archäologischen und historischen Erkenntnissen fußende Zeichnung vom Tempelberg in der Zeit des Zweiten Tempels angefertigt, die uns zu besserer Orientierung verhilft (siehe S. 26/27).

Jesus zieht zunächst, vom Kidrontal zur unteren Stadt hinaufreitend, durch eines der Tore, vielleicht das Wassertor, ein. Von dort geht der Weg der Pilger auf den weiten Platz mit der breiten Treppe vor der südlichen Mauer des Tempelplatzes hinauf, wo sie sich versammelten, ehe sie den Tempel betraten. Dort steigt Jesus vermutlich vom Esel, weil der Weg durch die Tore und über die unterirdischen Treppen auf die Fläche des Tempelplatzes hinauf zu Fuß gegangen wurde. Oben aber empfängt ihn nicht die Stille, die er im Tempel antreffen will, sondern ein geschäftiges Treiben, der Markt in der königlichen Halle und auf ihrem Vorplatz, wo das großenteils ausländische Geld der Pilger in heimische Währung getauscht und Opfertiere, wie Schafe und Tauben, zum Verkauf angeboten wurden.

Da erfaßt ihn der heilige Zorn: Könnt ihr denn nicht unterscheiden zwischen einem Tempel und einem Markt? Hinaus mit euch! Und er fängt an, sie alle hinauszutreiben, die Treppen hinunter und in die untere Stadt. Eine Geißel aus Stricken, wird erzählt, habe er sich gemacht. Er verschüttet das Geld der Wechsler und stößt die Tische um, auf denen man Tauben verkaufte: »Ihr macht das Haus Gottes zu einem Warenhaus! Hinaus mit euch!«

Man hat diese Geschichte immer wieder so verstanden, als drücke sich in ihr der politische Wille Jesu aus, seine Leidenschaft, die Gesellschaft zu verändern. Aber darum geht es nicht. Die sogenannte »Tempelreinigung« ist ein Ereignis, das zur Unterscheidung zwingt – bis zum heutigen Tag –, was in unserem religiösen Umkreis der Heiligkeit Gottes Raum gibt und was nicht, was ihr angemessen ist und was nicht, was den Glauben klärt und was ihn hindert oder verwirrt. Sie ist eine Aufforderung an uns, Klarheit darüber zu finden, was wir mitbringen wollen in unsere Begegnung mit dieser Geschichte und was nicht, was das Wesentliche am Christentum ist und was nur ein Vorwand, mit dem wir uns selbst bedienen, unsere Gedanken oder unsere Interessen.

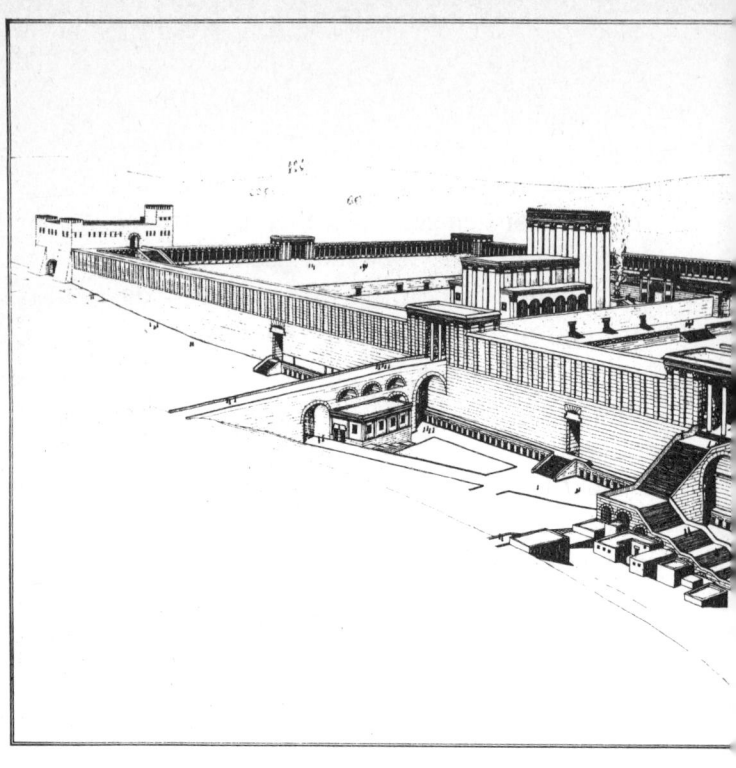

So sah die Anlage des Tempelplatzes zu der Zeit aus, als Jesus in Jerusalem einzog. In der Mitte der verhältnismäßig kleine Tempel, vor dessen Tor die Gottesdienste gefeiert wurden. Ungefähr an der Stelle, an der heute der Felsendom steht.

Rings um den weiten Platz die Hallen, in denen der Pilger kaufen konnte, was er zu seinem Opfer brauchte. Rechts die große »königliche Halle«, in der die Lehrer saßen, die das Gesetz auslegten, an der Stelle, an der heute die El Aksa-Moschee steht. Ganz links

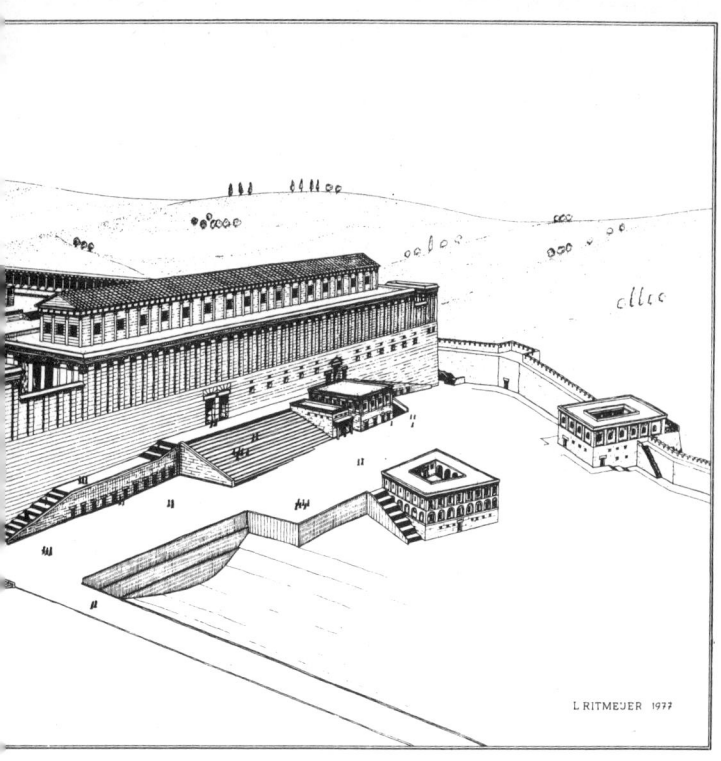

L. RITMEYER 1977

ist die Burg Antonia sichtbar, von der aus die Römer
das Leben am Tempel überwachten.

Links vorn die Brücke über das Käsemachertal,
rechts vorn der Treppenaufgang, die beide den Tempel
mit der Stadt verbanden. Rechts die breite Prozes-
sionstreppe, über die die Pilger bei festlichen Anläs-
sen einzogen. Die beiden kleinen Tore führten auf eine
Treppe, über die vor der königlichen Halle der große
Vorhof erreicht wurde. Hier, so vermuten wir, dürfte
auch der Einzug Jesu stattgefunden haben.

Wo kommen wir selbst vor in der Geschichte jener Tage? Es gibt ja allerlei durchaus fromme, aber doch in die Irre führende Antworten. Es ist zum Beispiel nicht sinnvoll, wenn wir uns mit Jesus identifizieren. Es hat zwar einen durchaus sentimentalen Reiz, sich in dem einsamen Jesus zu sehen, dem Mißverstandenen, dem zu Unrecht Verurteilten, dem einsamen Großen mitten unter den so Durchschnittlichen anderen in der Geschichte. Diese Identifizierung lockt auf jedem Schritt und führt doch alsbald in eine Sackgasse.

Wir selbst kommen zunächst einmal dort vor, wo die vielen Menschen am Weg stehen, die Menschen in den Toren und auf dem Tempelplatz. Denn in ihnen finden wir Erwartung und Illusion, Irrtum und Hoffnung, auch Not und Angst, Abstand und Gleichgültigkeit, Schmerzen und Zweifel versammelt. Sie fragen: Wer ist das? Was bringt der? Was geht er mich an? Kann ich auf seiner Seite sein? Lassen wir also jeden, den wir uns in der jubelnden oder schweigenden Menge vorstellen können, in uns mitgehen, lassen wir ihn mithoffen, mitlaufen, mitschwimmen, mitleiden. Und fassen wir unsere Ängste und unsere Hoffnungen in das Wort »Hosianna«, denn das ist kein Jubelruf, sondern die angstvolle Bitte: »Hilf doch!« Wenn du nicht hilfst, so hören wir diesen Ruf der Menge, wer sollte es dann noch können?

Ihr gemeinsamer Irrtum war vor allem, ein großer Held könne ihnen helfen. Stattdessen kam ein sehr stiller Mann. Freilich einer, in dessen Leidensbereitschaft eine große Kraft war, eine erlösende Energie. Der Irrtum wirkte sich aus. Bald danach wurde der rote Teppich eingerollt und beiseite gelegt für den nächsten, der als der große Held kommen würde, um alles zum Besseren zu wenden.

Am Rande aber geschieht etwas sehr Bezeichnendes, das ein Licht auf den Sinn der Stunde wirft. Nachdem Jesus im Tempel eingezogen ist, wenden sich einige Griechen, die zum Fest gekommen waren, an die Jünger und bitten, Jesus möge ihnen ein Gespräch gewähren. Offenbar hatte sich schon abgezeichnet, wie gefährdet Jesus war und wie wenig Aussicht bestand, daß er sich der im Tempel versammelten sadduzäischen Macht gegenüber würde durchsetzen können. So liegt in ihrer Bitte die Frage: Könnte Jesus, wenn ihn die Juden ablehnen, nicht zu uns kommen, nach Griechenland, wo für religiöse Alleingänger mehr Toleranz besteht?

In diese Richtung weist die Antwort, die Jesus ihnen bestellen läßt: Er erinnert die Griechen an einen Gedanken, der ihnen vertraut sein muß, weil er in Eleusis, einem ihrer religiösen Zentren, eine große und wichtige Rolle spielt. Er sagt: »Wenn das Weizenkorn nicht in die Erde fallen und sterben will, kann es keine Frucht bringen« (Johannes 12,24). Er erinnert sie also an den uralten und für die Griechen so wichtigen Demetermythos von Saat und Ernte, von Stirb und Werde, von Tod und Leben. Denn darin lag von Anfang an etwas von Aussöhnung mit dem alten Feind des Menschen, dem Tod, und ein tiefes Wissen von dem Lebensopfer, das eigentlich das Leben hervorbringt. So übernimmt Jesus für sie die Rolle des Weizenkorns, und es scheint, als hätten die Griechen verstanden. Sie wiederholen ihre Bitte nicht mehr. Für uns aber, die so leicht daran zweifeln, daß Jesus seinen Tod als ein Opfer angesehen habe, ist dies eine unverdächtige Stelle, die eben dies belegt.

Was gewinnen wir also, wenn wir die Leidensgeschichte lange genug in uns bewegt haben? Etwa dies: die Aufmerksamkeit für den Ernstfall, für die Stunde, die uns ruft. Das Unterscheidungsvermögen zwischen dem, was gilt, und dem, was vorgibt, zu gelten. Das Feingefühl dafür, wie sehr wir selbst in allem, was um uns her geschieht, mit enthalten sind. Und schließlich auch noch dies: mit dem Tod anders umgehen, als wir es üblicherweise tun, nämlich so, daß das Leben, das aus ihm hervorgehen soll, in unserer Hoffnung geschützt bleibt.

Es war vielleicht noch am Tag des festlichen Einzugs. Im Hintergrund der Gespräche stand immer die heimliche Frage: Wird Jesus in Jerusalem die Macht ergreifen oder nicht? Ist er der kommende König oder nicht? Da erscheint eine Frau und greift zum uralten Symbol der Salbung, das in früheren Zeiten auch die Propheten Israels an denen vollzogen, die zu Königen bestimmt waren, und gab ihm einen neuen Sinn:

»Als nun Jesus in Betanien weilte, im Hause Simons, des Aussätzigen, kam eine Frau mit einem Glas kostbaren Salböls und goß es über seinem Haupt aus, während er zu Tische lag. Als das seine Jünger sahen, wurden sie unwillig und sprachen: Wozu diese Vergeudung? Man hätte das Salböl verkaufen und das Geld den Armen geben können! Als Jesus das merkte, sprach er zu ihnen: Was macht ihr der Frau das Herz schwer? Sie hat etwas Schönes für mich getan. Wenn sie Salböl über meinen Leib ausgoß, tat sie es, ihn zu meinem Begräbnis zu salben. Was ich sage, ist wahr: Wo immer man in der Welt davon sprechen wird, daß ich starb, um der Welt das Leben zu schenken, wird man auch reden über das, was sie eben tat, und wird es als Zeichen ihrer Liebe festhalten.« (Matthäus 26,6-13)

Die Männergesellschaft begehrte auf: Wenn Jesus schon der Gesalbte sein soll, der »Christus«, dann soll ihn bitte ein Prophet salben, aber nicht irgendwer und schon gar nicht eine Frau! Sie zogen das Problem ins Vordergründige: Wozu diese Vergeudung? So hatten sie eine andere Begründung für ihren Widerspruch als ihre verletzte Männlichkeit. Ich kann es mir nicht anders vorstellen, als daß diese Antwort nur eine Ausrede war, die den wirklichen Grund ihres Protests verdecken sollte.

Die Frau, Johannes nennt ihren Namen – es war Maria, die Schwester des Lazarus –, sah tiefer. Sie sah mit der Hellsichtigkeit der Liebenden, daß eine Salbung zum König im alten, äußerlichen Sinn ein Mißverständnis wäre. So gab sie ihr Zeichen: Was die Menschen sich unter einem König vorstellen, das bist du für mich auf ganz andere Weise. Du bist es und wirst es immer sein. Du wirst meinen künftigen Weg bestimmen und selbst, wenn du mir genommen wirst, werde ich auf dich zu und dir entgegen leben. Vielleicht lag darin auch der Ausdruck für ihr Wissen, daß dies die letzte Stunde sei, in der sie ihre Liebe noch ausdrücken könne. Und Jesus nahm es auf: Ihr wollt eine Salbung durch einen Propheten? Sie ist eine Prophetin. Sie goß ihr Salböl aus, weil sie über die Alternative »König oder nicht« hinaus ist. Denn hier geht es nicht um glanzvolle Herrschaft, sondern um Tod und Leben. Und die Salbung der Toten, ihr Männer, diese unschöne Arbeit, habt ihr doch schon immer den Frauen überlassen!

Die Klage des Liebenden um den Geliebten, auch wenn sie Totenklage ist, hat ihren erlösenden Hintergrund in der Hoffnung auf irgendeine Art von Wiederbegegnung. Sie wird nie beweisen können, daß diese Hoffnung einen Grund hat. Und dennoch sieht sie voraus auf die Zeit, in der die über die Zeit der Trennung bewahrte Liebe ihre Erfüllung finden wird.

Unter Christen hat man stets ungern über die Wiederbegegnung Liebender im anderen Leben geredet. »Dafür gibt es keine Beweise!« Als gäbe es Beweise für irgend etwas anderes am christlichen Glauben. Man diskutierte durch die Jahrhunderte hin, wie man in jenen Tagen in Jerusalem diskutiert hat, wer dieser Jesus, den sie den Christus nannten, den Gesalbten, eigentlich gewesen sei. Man formulierte Dogmen, die man selbst kaum verstand. Man verband politische Macht mit einem Christus, der als Himmelskönig gemalt wurde und den Seinen auf der Erde Macht gab. Was dabei weithin verloren ging, war eben das, was die Frau aus Betanien auszeichnete: die Liebe und die Hingabe, die sich in jenem ahnenden Zeichen Ausdruck gab. Die Theorie vom »Kreuz« blieb erhalten, vor allem in den evangelischen Kirchen, die Kreuzwege aber verschwanden aus den Kirchen, gerade aus den evangelischen.

Der christliche Glaube lebt nicht aus seiner intellektuellen Rechtwinkligkeit, auch nicht aus seiner Zweckmäßigkeit und Handlichkeit, sondern aus der Ekstase des Liebens. Er bedarf keines Beweises. Er lebt unbegründbar und unwiderleglich. Einfach so, wie man lebt, wenn man in der Liebe ist und in der Wahrheit. In dieser Hellsichtigkeit, in diesem Überschwang, in dieser Lebendigkeit ist die Liebe dem

Verstand immer überlegen. Sie ist die Kostbarkeit des Lebens, und was sie tut, drückt diese Kostbarkeit auch angesichts des Todes aus. Im Kreuzweg geht es eben um dies: die liebende Hellsichtigkeit im Angesicht des Todes einzuüben.

Gibt es einen besonderen weiblichen Weg mit Christus? Gibt es eine besondere Weise des Glaubens einer Frau im Gegensatz zu der eines Mannes? Es will so scheinen. Der Widerstand der Männer im Lauf der Geschichte gegen die geistbegabte Frau hat durchaus Gründe. Die Männer hätten eine andere Weise des Glaubens lernen und tolerieren müssen, als sie selbst sie darstellten. Sie hätten von den Frauen lernen müssen. Wenn heute gegen die Frau im geistlichen Amt der Kirche noch immer Vorbehalte bestehen, so drückt sich darin immer auch die Unwilligkeit von Männern aus, diese weibliche Weise des Glaubens zu ertragen.

Die Passionsgeschichte spricht davon mit großer Deutlichkeit. Sie erzählt von jenen Männern, die der Frau in Betanien ihre Verschwendung vorrechnen. Von Jüngern, die fliehen, wenn es ernst wird. Von Petrus, der umfällt, weil eine Magd ihn erkennt. Von Judas, der seine persönliche Meinung, wer Christus sei, durchsetzen will und darüber zum Verräter wird. Sie erzählt von Hohenpriestern und ihren Knechten, von einem römischen Gouverneur, der sich durch seine Rolle hindurchmogelt und sich am Ende die Hände wäscht. Von einem Mann, der

Jesus das Kreuz nachträgt, aber nur deshalb, weil ihn die Truppe der Henker dazu zwingt. Von Jüngern, die unsichtbar werden, wenn Gefahr besteht. Und schließlich von Josef von Arimathäa, der einzigen bemerkenswerten Figur, die aber erst auftritt, als alles vorbei und zu spät ist.

Sie erzählt auf der anderen Seite von Maria von Betanien mit ihrem feinfühligen Abschiednehmen in einem großen Zeichen. Oder von der Frau des Pilatus, die ihrem Mann sagen läßt: »Laß die Hände von diesem Jesus. Ich habe im Traum seinetwegen viel erlitten.« Aber ihr Mann hält nichts von Träumen. Sie erzählt von Frauen, die Jesus auf dem Weg zum Richtplatz begleiten und um ihn klagen und weinen, die also der Gefahr nicht achten, als Anhängerinnen dieses Mannes zu erscheinen, und die der Trauer um ihn in ihrer Klage Ausdruck geben. Oder von jenen Frauen, die unter dem Kreuz aushalten, damit Jesus nicht ganz allein sei in seinen Qualen. (Nur Johannes, so wird berichtet, ist auch dabeigewesen.) Die Passionsgeschichte hat die Christen des Mittelalters dazu angeregt, das Bild der »Pietá« zu schaffen, das Bild der Trauer Mariens, wie sie dasitzt und den toten Leib ihres Sohnes auf den Knien hält. Und sie erzählt schließlich, wie die drei Frauen nach dem Passafest hinausgehen, den toten Leib noch einmal aus dem Grab zu holen und ihn nach der Sitte ihres Landes zu balsamieren, damit der Tod wenigstens seinem Geruch nach verdeckt bleibe durch ein Zeichen der Liebe, die über den Tod hinausreicht. Und sie erzählt, daß eben diese drei dem lebendigen Christus am Ostermorgen begegnet seien.

Wenn es ernst wird, sind die Frauen stärker. Wenn es darauf ankommt, zu stehen, haben sie mehr Stehvermögen als die Männer. Wenn es darauf ankommt, zu sehen, was wirklich geschieht, sind sie ihrem Fluchtinstinkt weniger ausgeliefert. Wenn es darauf ankommt, dort zu bleiben, wo ein Mensch Beistand braucht, nehmen sie mehr an eigenen Leiden in Kauf. In den Aktionen der Friedens- und Ökologiebewegung haben wir immer wieder erlebt, wie viel entschiedener Frauen zu ihrer Überzeugung standen, auch angesichts breiter Fronten von Polizisten in ihren schreckenerregenden Verkleidungen und mit ihren Gummiknüppeln. Die Frau ist in aller Regel mit dem Leiden vertrauter und hält ihm besser stand.

Freilich wäre es zu einfach, bestimmte Fähigkeiten, in denen sich die weibliche von der männlichen Seele unterscheidet, schlicht auf Männer und Frauen zu verteilen. Jeder unter den Männern hat auch seinen Anteil an Weiblichkeit und jede Frau ihren Anteil an der Seele des Mannes. Es ist gut, wenn beide diese oft so verdrängten Anteile wieder entdecken. Was in uns etwa mit Leben und Tod zu tun hat und mit dem Einvernehmen mit beidem, ist etwas durchaus Weibliches, auch was es an Sensibilität und Wachheit in uns geben mag. Finden aber wir Männer dies nicht in uns selbst, werden wir leicht zu Ausbeutern des Lebens und zu Handlangern des Todes.

So sagen uns heute viele kluge und wache Frauen, es sei typisch männliches Gedankenprodukt, daß Jesus unter Gott, seinem Vater, gelitten habe; er habe sein Leiden aufbringen müssen, um den Zorn Gottes zu versöhnen; er sei ans Kreuz gegangen, um unser aller Sünden zu büßen, und sein Blut reinige uns von unserer Ungerechtigkeit. Darüber, so sagen sie, sei uns Ostern zweitrangig geworden, und wir fänden unser Heil im Tod statt im aufbrechenden Leben. Der Weg des Christus ans Kreuz sei vielmehr die Geschichte der Auferstehung und der Erlösung.

Warum kam es – schon sehr früh in der Geschichte des christlichen Glaubens – zu dieser »männlichen« Theorie? Der Grund liegt in der Aufblähung, die leicht geschieht, wo Menschen sich in der Passionsgeschichte mit Jesus identifizieren: wenn sie ihre »Nachfolge« so verstehen, als hätten sie selbst das Opfer zu bringen, das Jesus bringt, etwa als Priester in der Eucharistie. So beugen sich Männer, vor allem Theologen, unter dem grausamen Gott, den sie fürchten und im Grunde hassen, der seinen Sohn – und sie, seine Söhne – der Qual, der Einsamkeit und dem Tod anheimgibt, und suchen die Fürsprache von Jesus oder von Mutter Maria. Denn Gott, vor dem sie ja schuldig sind, mutet ihnen zu, ihrerseits unter den Sünden der Menschen zu leiden, vor allem denjenigen, von denen der christliche Mann sich verfolgt und bedroht fühlt. Und dabei wird notwendig alles falsch, wie immer, wenn ein Mensch sich zu einer Rolle aufbläht, die ihm nicht zukommt.

Wir tun darum gut daran, weniger an unsere eigenen Leiden zu denken und mehr an die Leiden, die die Welt erfüllen von einem Ende zum anderen. Trauern wir um Jesus, und trauern wir um alle die Menschen, die vor und nach ihm millionenfach gequält und getötet worden sind, auch die anderen Geschöpfe Gottes, die der Mensch in seiner Brutalität ums Leben bringt, die Tiere, die Pflanzen, die Elemente der Erde! Wenn wir uns mit einer einzelnen Figur auf den alten Passionsbildern besonders identifizieren wollen, dann vielleicht noch am ehesten mit der Pietá, also der Maria, die um ihren toten Sohn klagt und um alle, die wie er umgebracht wurden: die Verhungerten, die im Krieg Gefallenen, die Gefolterten und die Vergessenen dieser Zeit. Oder wir identifizieren uns mit jener Maria, die Jesus in Betanien gesalbt hat und damit zugleich ihrer Liebe und ihrer abgründigen Trauer Ausdruck gab. Denn in dieser Trauer werden wir keine Gewalt, keinen Krieg und keine Tötung mehr rechtfertigen können, weder um irdischer noch um himmlischer Gerechtigkeit willen. Wir werden keine Todesstrafe mehr hinnehmen, wie sie heute noch auch in christlichen Ländern da und dort gefordert und praktiziert wird.

Die letzten Lebenstage des Mannes aus Nazareth fielen in die Zeit des jüdischen Passafestes. Passa war das Fest, an dem der Jude die Befreiung seiner Vorfahren aus Ägypten beging. Es war also ein geistliches und politisches Befreiungsfest. Das Passa hat aber seine viel älteren Wurzeln in einem archaischen Frühlingsfest, das im aufbrechenden Jahr die neue Fruchtbarkeit der Felder und der Herden feierte. Es ist eine wunderbare Gleichzeitigkeit, daß mitten in dieser Festzeit der Tod und die Auferstehung Jesu geschahen, als versammle sich in diesen Ereignissen alles Sterben, das auf der Erde erlitten wird, und alles Leben, das wir neu begrüßen.

Und etwas ist für uns Heutige von ganz elementarer und neuer Bedeutung: Man hat immer wieder gesagt, es gehe im Christentum nicht um die Natur, sondern um den Menschen, und es gehe nicht um die Feier des Frühlings, sondern allein um das Kreuz des Christus und die Erlösung des Glaubenden. So, als gebe es zwischen Himmel und Erde nur den Menschen und sein Heil, und so, als trenne dieser Mensch sich von allem, was ist, und habe seine von allem lebendigen Leben abgesonderte Mittelpunktstellung in der Welt zu behaupten. Heute entdecken wir, da wir die Natur auf dieser Erde vor unseren Augen zugrunde gehen sehen, wie wichtig für das Leben der Tod ist, der natürliche, auf allen Ebenen. Wir sehen Müllberge vor uns aus Stoffen, die nicht sterben können, die nicht wieder in den Kreislauf des Lebens zurückkehren. An dem Gift, das nicht wieder zersetzt werden kann, sondern weiter-wirkt, stirbt die Erde. Sie geht zugrunde am atoma-ren Abfall, der nicht stirbt, sondern Millionen Jahre weiter sein tödliches Werk verrichtet. Das Sterben haben wir bisher vor allem als Zerstörung von Lebendigem gesehen, und der Tod schien uns als Feind. Heute könnten wir dankbar sein, hätte unsere Erde die Kraft, zu zerstören und zu zersetzen, was wir an Abfall und Gift auf sie häufen. Zum erstenmal hat ein Geschöpf, der Mensch, der Schöpfung die Fähigkeit genommen, Leben hervorzubringen aus dem Naturvorgang des Todes.

Die Menschheit hat noch nie so erfolgreich wie heute gegen den Tod gekämpft, und nie hat sie so deutlich das Kainszeichen des Mörders an der Stirn getragen. Zum erstenmal müssen wir fürchten, daß durch uns unwiderruflich alles Leben zerstört wird: jene wunderbare Organisation, die mit ihrer tiefen Weisheit das Gleichgewicht zwischen Tod und Leben immer halten konnte, bis sich das Leben zu seiner heutigen Vielfalt ausdifferenziert hat und bis der Mensch die moderne Wissenschaft und Technik entwickelte, an der sie nun stirbt. Immer gab es »Raubtiere«, aber erst mit dem Menschen kam die maßlose Zerstörungskraft in die Welt, an die uns heute auch die Leidensgeschichte erinnert. Er soll verschwinden von der Erde, sagen die Richter und die Henker im damaligen Jerusalem. Kreuzige! rufen sie. Heute sind es die Erde und das Leben und am Ende der Mensch, die gekreuzigt werden. Jesus aber geht seinen leisen Gang durch die Geschichte, leidend wie einst um das Reich der Gerechtigkeit, das zu bringen er einmal gekommen war.

In einer solchen Welt geht eine wehrlose Frau hin und gibt ihrer Trauer in einem Zeichen Ausdruck. Sie kann das Leidensschicksal ihres geliebten Meisters nicht aufhalten und nicht wenden, aber sie deutet für den, der Augen hat, was geschehen wird. Sie gibt sich ganz und gar in diese Trauer hinein und wird dabei zu jenem Menschen, der am Ostermorgen unter den ersten ist, die dem Leben begegnen: dem lebendigen Christus, der ihr vorausgehen wird auch durch ihren eigenen Tod. Im Grunde hat nur sie unter den Menschen damals verstanden, was Jesus in seinem Wort vom Weizenkorn gesagt hat: daß dieser Tod nicht nur unvermeidlich, sondern um des Lebens willen notwendig ist, und daß es anders als auf dem Weg durch den Tod hindurch kein wirkliches Erwachen gibt, das uns herausnimmt aus dem Kreislauf von Tod und Leben, keine Befreiung und Erlösung.

Am Ende der Geschichte von der Salbung in Betanien sagt Jesus: »Wo immer man in der Welt davon sprechen wird, daß ich sterbe, um der Welt das Leben zu schenken, wird man auch reden über das, was sie tat, und wird es als Zeichen ihrer Liebe festhalten.«

Ich sehe dich auf jenem Berg, Jesus,
irgendwo in Galiläa.
Du redest zu denen, die im Schatten leben,
im Schmerz, in der Entbehrung,
und sagst: Selig seid ihr.

Selig seid ihr Armen, die nichts mitbringen
an eigenem Reichtum
und alles von Gott erwarten.
Euer ist das Himmelreich.

Du meinst nicht die Starken,
die das stärkere, reichere Leben suchen,
indem sie die Armut wählen,
sondern die anderen, die ihre Armut
als hoffnungsloses Elend erleiden.

Du sagst: Selig, die arm sind, geistlich,
das heißt arm an dem, was der Geist geben will.
Du meinst die Armen,
die erdrückt sind vom äußeren Elend
und darum Mangel leiden auch an innerer Kraft.

Denen nicht nur das Brot fehlt,
sondern auch die Hoffnung und der Glaube,
das Vertrauen, daß ihr Leben Sinn hat,
daß eine Hand sie führt,
daß einer da ist, der sie kennt, sie wahrnimmt.

Glücklich sind sie, sagst du.
Nicht weil sie Gelegenheit haben,

Geduld und Ergebung zu lernen.
So hat man erst später die Armut vergoldet.
Glücklich nennst du sie,
weil Gott sie ihrer Armut entreißen wird.

Glücklich, die vor der Tür stehen.
Sie werden eintreten.
Sie werden ihre Sehnsucht mitbringen.
Und sie werden glücklich sein.

II

Das Mahl des Friedens

Am Abend des Passafests feierte Jesus mit seinen Freunden das letzte Mahl. »Vor dem Essen aber stand er auf, legte das Obergewand ab, nahm einen Schurz und band ihn um. Danach goß er Wasser in ein Becken, wusch ihnen die Füße und trocknete sie mit dem Schurz.« (Johannes 13,4 f.)

An jenem Tag suchte Jesus in Jerusalem einen Raum, in dem er mit seinen Jüngern das Passa feiern konnte. So sandte er zwei von ihnen in eine bestimmte Straße der Stadt. Sie sollten nach einem Saal suchen, der sich eignete. Da in den Tagen des Passa nach jüdischer Sitte alle Häuser den Pilgern von außerhalb gastlich offenstanden, fanden sie ihn und bereiteten das Mahl vor. Aber es war an diesem Abend wohl kein Diener zu finden, der die übliche Waschung der Füße vorgenommen hätte. Die aber war nötig, wenn ein Gast sich zu Tisch legen sollte, nachdem er in offenen Sandalen einen Tag lang durch Sand und Schmutz der Straßen gegangen war. Es ist erzählt, daß Jesus in Galiläa einmal einem Hausherrn und Gastgeber gegenüber, der ihm die Waschung nicht hatte zuteil werden lassen, darüber sein Befremden geäußert habe. Sie gehörte zu einer Einladung hinzu.

Weil nun kein Diener anwesend ist, übernimmt Jesus selbst diese Arbeit. Das war höchst ungewöhnlich, ja im Grunde undenkbar, denn der »Meister« einer Gruppe von Schülern war damals strikte Autorität und der ihm anhängende Jünger zu jeder Dienstleistung verpflichtet. Aber Jesus will offenbar den Gedanken eine Deutung geben, die er schon in der Zeit seiner galiläischen Wirksamkeit geäußert hatte. Er gibt für einen Augenblick seinen Rang als Meister, als Prophet, als Lehrer ab, beugt sich vor den von ihm Abhängigen und zeigt, wie Frieden und Gemeinschaft zustandekommen: so, daß der Stärkere den Platz, den er einnimmt, nämlich oben zu sein, abgibt und den untersten einnimmt. Dabei meint Jesus nicht, der Obere, der Höherstehende solle sich großzügig herablassen, auch einmal etwas zu tun, was unter seiner Würde ist, sondern daß er nach eigener Einschätzung wirklich zu dem wird, der unten ist, unten bei den Verängstigten, den Bedrohten, den Verlassenen, bei denen auf der Erde, deren Recht und Würde mißachtet werden, und dort seinen Platz hat.

Es soll eine Gemeinschaft entstehen, in der freiwilliges Erleiden dessen, das die erleiden, die unten sind, das gemeinsame Leben prägt. Es sollen hier Menschen zusammenleben, die sich geliebt wissen und darum fähig werden, zu lieben. Lieben und Geliebtwerden aber hängen dicht zusammen mit der Fähigkeit, sich zu opfern und ein Opfer anzunehmen. So zeigt Jesus an diesem Abend, was es auf sich hat mit dem Geheimnis des Opfers. Der Knecht aller geht und hinterläßt das Zeichen, das zwischen Liebenden fortan zu gelten hat. Er, dem allein die Ehre zusteht, steigt ab zu den Niederungen, in denen man seine Ehre eifersüchtig wahrt, in denen der Kampf aller gegen alle um die oberen Plätze ausgefochten wird. Und es wird gerade von den Jüngern eine Szene berichtet, in der sie sich fragen, wer von ihnen als der Oberste anzusehen sei, sozusagen der Mannschaftskapitän.

Wenn ich einen ersten Schritt hinter Jesus hergehe und wahrnehme, was er tut, dann verstehe ich: Er wollte keine Macht und keinen Beifall. Er blieb mißverstanden bis zum Ende. Man ärgerte sich über ihn, man schüttelte den Kopf über das, was er sagte oder tat. Es widersprach allen gewohnten Vorstellungen über Rang und Ordnung. Und ich verstehe: Die Ehre, die ich fordere, ist der Anfang der Zwietracht. Der Stolz, den ich wahre, ist der Anfang des Hasses. Ich ängste mich noch immer vor Verachtung und fürchte um mein Ansehen. Ich sehe aber, wie Jesus sich vor den schmutzigen Füßen hinabbeugt und sie in die Hand nimmt, und vielleicht erwacht in mir der Wunsch, ihm nachzutun und damit auf seinem Wege zu sein.

Es geht bei der Fußwaschung nicht nur um das Aufgeben einer Position und eines Ranges. Fußwaschung war in der ganzen Antike mehr als nur Reinlichkeit. Der Diener, der sie vornahm, war eine Art Fußpfleger. Da die Wege über lange Strecken zu

Fuß gegangen werden mußten, über Erde, Felsen und Sand, nahmen sich solche Diener der Verletzungen an den Füßen an, der Blasen, der dünngeriebenen Stellen der Haut, der Gelenkschmerzen.

Waschen, Trocknen, Massieren, Streicheln, Heilen, Salben – das alles ist Fußwaschung. Sie ist ein Gleichnis für die Hingabe eines Menschen an die Bedürfnisse eines anderen, für ein sanftes Wohltun. Die Füße sind von langen Wegen müde, und die Fußwaschung wirkt nun am ganzen Menschen lindernd und erfrischend. Diese Geste nimmt die Mühe des Tages auf und sagt: Der lange Weg, den du heute gegangen bist, braucht dich nicht zu schmerzen. Der Weg, den du morgen gehst, braucht dich nicht zu ängstigen. So bedeutet uns die Geschichte von der Fußwaschung: Was Jesus an dir und für dich tut, ist eine Wohltat an Leib und Seele. Es eröffnet dir einen Raum, in dem du ruhen kannst, in dem Frieden herrscht, in dem das geschieht, was Jesus schon früher, lange vor der Passionsgeschichte, gesagt hat: »Kommt her zu mir alle, die ihr mühselig und beladen seid, ich will euch erquicken.« (Matthäus 11,28)

Wenn ich der Szene zusehe, höre ich Jesus etwa folgendermaßen reden: Traut es euch zu. Ihr könnt es. Setzt euch zu den Füßen der Menschen. Hört, was sie klagen. Nehmt ihre Füße behutsam in die Hand. Sie sind müde von langen Wegen, von deren Mühsal ihr nur wenig wißt. Löst sie aus ihrer Verkrampfung, biegt sie gerade. Befreit sie von der Last, die sie getragen haben. Gebt ihnen, die gehen, laufen, eilen, tragen mußten, Ruhe und Erholung. Und wenn ihre Füße einschlafen vor Mattigkeit, dann sorgt für ihre Durchblutung, macht sie lebendig und frei. Helft den Menschen zum aufrechten Stand und zum aufrechten Gang, damit sie Kopf und Hände frei haben zu dem, was ihnen abverlangt wird. Führt sie zu dem Tisch, an dem ihre Einsamkeit endet und sie aufgenommen werden in eine Gemeinschaft. Die besteht aus Menschen, die angestrengt sind wie sie. Aber vor allem aus Menschen, die befreit sind wie sie durch die Liebe, Güte und Sorgfalt, die ihnen an ihren Füßen begegnet ist. Bedenkt, daß euch in den Füßen, in ihrer Mattigkeit und Verletzbarkeit, der ganze Mensch begegnet. Alle Krankheit des Körpers lagert sich in Form von Schlackenstoffen in den Füßen ab. Massiert ihr sie, so lösen die Schlackenstoffe sich auf. Der ganze Körper wird neu durchblutet und durchatmet. Denn die Füße sind nicht nur Transportmittel, sondern auch Lebenszentren.

Und achtet auf eure Demut. Sie kann auch sehr falsch werden. Sie kann ein Ausdruck auch von Arroganz sein. Sie kann den anderen auch erniedrigen. Sie ist nur echt und sinnvoll, wenn sie dem anderen wohltut. Der Sinn der Demut ist die Wohltat.

Der Kreuzweg des Jesus von Nazareth hat genug an Schrecklichem. An seinem Anfang aber stehen drei Zeichen, die seinen Sinn deuten. Da ist zuerst das zarte Zeichen der Maria von Betanien, die Salbung, die Inthronisation eines Königs. »Sie goß Salbe auf sein Haupt«, das Haupt, das wenige Tage danach die Dornenkrone tragen wird. Da ist das Zeichen, das Jesus selbst gibt, das sanfte, freundliche Zeichen der Fußwaschung. Es ist das Zeichen der Wohltat an jenen Füßen, die nur Stunden später die Jünger auf ihrer Flucht davontragen werden, hinaus in alle Richtungen. Und da ist das dritte, das Mahl der Gemeinschaft derer, die in Kürze allein, verlassen und zerstreut sein werden, die nicht mehr wissen werden, wohin sie gehören, und die doch sich und ihren Meister wiederfinden sollen in der Erinnerung an dieses Mahl.

Nehmen wir diese drei Zeichen bewußt wahr und verbinden sie mit unserer eigenen Erfahrung, wo wir mit dem Schrecklichen zu tun haben, so werden wir vielleicht empfinden, wie eine tiefe Trauer in uns sich unmerklich löst. Wir werden bemerken, daß die Not, Angst und Müdigkeit anderer Menschen uns immer wichtiger und wir selbst fähiger werden, uns mit ihnen zu ängstigen und mit ihnen zu leiden.

Es ist nicht schwierig, unsere Kirchen zu empfinden als Kirchen der eingeschlafenen Füße. Die Kirche nennt sich das »wandernde Gottesvolk«. Trifft dies zu, wird es selbstverständlich um den Zustand der Füße derer gehen, die da wandern sollen. Am Ende der Passionsgeschichte werden die Jünger, deren Füßen Jesus wohlgetan hat, auf lange Wanderwege geschickt: »Geht hin in alle Welt!« Das setzt voraus, daß die Werkzeuge, mit denen sie gehen, gesund und lebendig sind.

Wir Christen haben an dieser Stelle noch eine Menge zu lernen. Allzuoft haben wir Angst vor zärtlichen, liebevollen Berührungen, fühlen uns noch immer zu einer heroischen Haltung, zu einer heldischen Starre verpflichtet, und die Distanz des Moralischen bedeutet uns immer noch mehr als Güte und Nähe des Herzens und der Hände. Im Grunde sollten Christen Fußspezialisten sein und etwas verstehen von den Leiden und Verwundungen in den Menschen, denen sie begegnen. Aber wir sind weithin Spezialisten des Kopfes, die über das nachdenken, was uns an unserem Glauben wichtig ist, und das aussprechen, womit wir die Köpfe anderer füllen wollen. Aber das Belebende geschieht eben nicht im Kopf. Das Heilende geschieht im ganzen Menschen. So schlafen der Kirche leicht die Füße ein, bis wir nicht mehr wissen, daß wir sie haben, während die Köpfe denken, diskutieren, streiten, bekennen, urteilen und sich zuständig wissen, das Wahre vom Falschen zu unterscheiden.

Erhellend ist für diese Verlagerung des Evangeliums in den Kopf der kurze Redewechsel zwischen Jesus und Petrus über den Kopf und die Füße. Petrus wehrt sich: »Herr, das geht doch nicht, daß du mir die Füße wäschst.« Und Jesus gibt Antwort: »Das kannst du jetzt nicht verstehen. Es wird dir aber später aufgehen nach meinem Tod.« Noch einmal Petrus: »Nein. Niemals sollst du mir die Füße waschen!« Er reagiert wie ein Theologe. Aber Jesus erwidert: »Wenn ich dich nicht wasche, dann hast du kein Teil an mir.« Das heißt: Dann fehlt zwischen dir und mir die entscheidende Verbindung. Da begreift Petrus, aber nur halbherzig, und erreicht nur die halbe Wahrheit: »Wenn das so ist, dann wasche mir auch die Hände und den Kopf.« Da schließt Jesus das Gespräch ab: »Wenn ich dir die Füße wasche, dann ist das Entscheidende geschehen. Dann bist du ganz rein.« Wenn du mir deine Füße gibst, dann gibst du dich mir ganz. Und wenn ich deine Füße in der Hand habe, habe ich dir als ganzem Menschen wohlgetan. Es wäre sicher nicht falsch, eine Art Priorität der Füße vor dem Kopf als Merkmal des Christlichen zu bezeichnen, eine Priorität des Liebens vor dem Nachdenken.

Und er setzte sich nieder und die Apostel mit ihm, und er sprach zu ihnen: Ich habe mich sehr danach gesehnt, dieses Passalamm mit euch zu essen, ehe ich leide. Er nahm den Kelch, sprach den Segen und sagte: Nehmt auch ihr. Trinkt ihn miteinander, denn ich werde von dieser Frucht des Weinstocks nicht mehr trinken, bis das Reich Gottes kommt. Dann nahm er das Brot, sprach den Segen, brach es in Stücke, gab jedem davon und sagte: Das ist mein Leib, der für euch gegeben wird. Tut so zu meinem Gedächtnis.« (Lukas 22,14-19)

Dieses Stück aus dem Lukasevangelium wird heute von den meisten Auslegern für die zutreffenste Darstellung gehalten, die wir vom letzten Mahl Jesu mit seinen Jüngern haben. Es war üblich, daß Pilger am Passa in Jerusalem gastlich aufgenommen wurden und die besten Räume ihnen offenstanden. Sie pflegten sich mit einem großzügigen Geschenk dafür zu bedanken. Wo das Mahl stattfand, wissen wir nicht. Der Platz im vornehmen Viertel unmittelbar neben dem Kaiphaspalast, wo man heute den Saal zeigt, ist eher unwahrscheinlich. Es kann auch ein Raum in der unteren Stadt mit ihren bescheideneren Wohnungen gewesen sein. Daß es ein Passa war, ein Sedermahl, wie die Juden sagen, scheint mir ausgemacht. Alles, was Lukas erzählt, entspricht dem Ritual eines Passamahls. Aber wichtiger als die historischen Einzelheiten ist der Sinn, den Jesus diesem Abendessen gab und den wir nachvollziehen.

Es wird von Jesus immer wieder berichtet, wie wichtig ihm der Gedanke des gemeinsamen Mahls war und wieviel von seiner Botschaft er in Gleichnisse faßte, die von einem Mahl sprachen. Es wird erzählt, er sei von diesem und jenem mit seinen Jüngern eingeladen worden und er habe die Gelegenheit benutzt, um zu seinen Jüngern und dem Gastgeber über Gottes Reich, über seine Nähe und ihren Auftrag zu sprechen. Es wird auch erzählt, er habe mit vielen gespeist, die in den Augen ihrer Zeitgenossen sich für die Gemeinschaft mit Frommen und Gerechten disqualifiziert hatten, und er habe sich durch diese Gastmahle mit »Zöllnern und Sündern« selbst disqualifiziert. Des weiteren wird erzählt, er habe das Ziel des Menschenweges auf dieser Erde in einem himmlischen Festmahl gesehen, das sie feiern würden, wenn sie »nach Hause« gekommen seien in Gottes Reich, nach dem Ende der irdischen Dinge. Und schließlich wird eben jene Szene in Jerusalem erzählt, wo er den Sinn eines Gemeinschaftsmahls gedeutet hat.

Seit den Anfängen der Christenheit wird um die Bedeutung der sogenannten »Stiftungsworte« gestritten. Jesus brach das Brot und sagte: Das ist mein Leib. Ist nun das Brot sein Leib? Wandelt sich das Brot in seinen Leib oder spricht er nur in einem Gleichnis? Etwa: Ich breche das Brot, indem ich es breche, zeige ich, was mit meinem Leib geschieht. Der Vergleichspunkt wäre also, daß beides gebrochen wird, das Brot und der Leib. Ich meine, wir könnten den alten Streit endlich abschließen. Niemand weiß, wie Jesus dieses Wort gemeint hat. Jeder faßt mit seiner Deutung irgend etwas, das wohl auch mit gemeint war. Was dem Mahl Jesu an jenem Abend auf alle Fälle widerspricht, ist die Rechthaberei, mit der die eine oder die andere Deutung im Laufe von zwanzig Jahrhunderten vertreten worden ist. Der Sinn des Mahls ist die Zusammenführung von Menschen und der Friede zwischen ihnen. Das ist seit vielen Jahrtausenden immer der Sinn von Einladungen, von Gastlichkeit, von gemeinsamem Essen und Trinken gewesen. Wenn einer an das Zelt eines ihm fremden Menschen kam, sprach er vom »Frieden«, den er mitbringe, und wurde aufgenommen als Gast, bis er weiterzog. In den Stunden des Mahls war der Gast unantastbar. Er wurde behandelt, als sei er ein Bruder oder eine Schwester.

So verstehen wir heute dieses Symbol: Der Gast-geber ist Gott. Wir kommen an seinen Tisch. Nun herrscht Frieden zwischen ihm und uns. Wir werden nicht gefragt, ob wir der Gastfreundschaft Gottes wert seien, sondern wir sind schlicht und einfach eingeladen. Wir folgen der Einladung. Wir beenden unsere Anklagen und Vorwürfe gegen Gott und andere Menschen und nehmen an, was uns gegeben wird. Danach wandern wir weiter. Aus der Erfahrung des Friedens nehmen wir die Zuversicht, daß irgend etwas dieser Art an uns geschehen wird, wenn wir dieses Leben beendet haben und die Erde verlassen. Wir übernehmen aber vor allem selbst immer wieder die Rolle des Einladenden. Wir sind die Beauftragten Gottes und laden im Namen Gottes, im Namen des Jesus Christus ein, das heißt so, als wären wir er selbst, der dies durch unseren Mund und unsere Gastlichkeit tut.

Im Grunde ist alles einfach. Wir wissen nichts über den »Sinn« unseres Lebens, aber über unseren Weg und sein Ziel. Wir wissen nichts über die abgründigen Rätsel des Todes und des Bösen, aber wir haben das Zeichen der Befreiung und der Erlösung. Und so gehen wir unseres Weges in Frieden mit Gott und in Frieden mit den Menschen. Das ist alles. Und das ist das Ganze. Und es gibt nichts, das wir über solche Erfahrung und solches Tun hinaus wissen müßten.

Im heiligen Mahl versammelte Jesus seine Jünger, ohne zu unterscheiden zwischen den mehr oder weniger Getreuen. Er feierte mit den Entschiedenen und den Verängstigten, mit den Wissenden und den Unwissenden, mit dem Verleugner Petrus und dem Verräter Judas und gab ihnen das Brot und den Wein als Zeichen des Friedens.

Während des Mahls sagte er: »Es ist wahr, was ich sage: Einer unter euch wird mich verraten. Und sie wurden sehr betrübt und fingen an, jeder Einzelne, ihn zu fragen: Herr, bin ich's? Er antwortete: Der die Hand mit mir in die Schüssel taucht, der wird mich verraten. Da fragte Judas: Bin ich's, Meister? Er antwortete: Du sagst es.« (Matthäus 26,21-23.25)

Der eine wurde nicht bewahrt. Die eigentliche Tragödie der Leidensgeschichte ist die des Judas. Denn Judas hat nicht nur den Ort verraten, an dem Jesus sich aufhielt, sondern vor allem seine Sache. Judas, wenn ich ihn recht verstehe, hoffte, Jesus werde sich zum König ausrufen lassen. Aber ihm schien, Jesus versäume mit seiner Zurückhaltung die Stunde, in der dies möglich war. So wollte er Tatsachen schaffen, die Jesus zwingen, sich zu offenbaren und die Macht zu ergreifen. Ich glaube, daß Judas Jesus liebte. Er verriet ihn nicht ohne Grund mit einem Kuß. Er verriet ihn freilich auf seine eigenmächtige Weise und scheiterte. Anders können wir nicht verstehen, warum er sich, als sein Verrat geglückt war, erhängte.

Die Leidensgeschichte will nicht, daß wir untereinander diskutieren, was vielleicht hätte anders laufen können oder sollen. Auch nicht, daß wir fragen: Warum so? Warum nicht anders? Warum das mir? Warum? Warum? Sondern, daß wir mitgehen, der Liebe vertrauend, mit der Jesus sich an die wendet, die ihn begleiten.

Am Ende verlief die Lebens- und Todesgeschichte des Judas eigentümlich parallel zu der Jesu. Er endete an dem Baum, an dem er sich erhängte. Jesus selbst endete an dem Baum, an den die Henker ihn hängten. In Dantes »Göttlicher Komödie« ist Judas einer der drei Verräter, die im Zentrum der Hölle im ewigen Eis eingefroren sind und dort vom Teufel in Ewigkeit zerkaut werden. Der unterste der Verdammten. Aber ich fürchte, unser Bedürfnis nach Strafe für den Bösen führt uns auf falsche Wege. Wenn der Irrtum des Judas eine ewige Verdammnis wert sein soll –, was soll dann mit dem Irrtum all der Unzähligen geschehen, die Jesus nicht verstanden, die ihn verleugneten, die ihn verrieten? Ist nicht unzählige Male auch das Bekenntnis zu Jesus im Grunde ein Verrat an ihm je nach dem Geist, den es atmet? Im korrekten Dogma, in der korrekten Moral war ja oft und oft das Bekenntnis zu Jesus der Kuß, mit dem die Christenheit ihn an den Geist ihrer Zeit verraten hat.

Nein, Judas war einer von uns. In jedem von uns ist Judas. Und wenn wir, wie wir hoffen, in die Erlösung eingehen, wird Judas mit dabei sein, der Jünger, der er gerne sein wollte, das Kind Gottes, das er blieb. Der Baum, an dem er sich erhängte, stand nicht weit vom Kreuz seines Meisters. Der Weg des Judas kann nicht weit vom Weg seines Meisters, dem er doch mit all seinen Irrtümern hatte dienen wollen, geendet haben.

Das Mahl, das Jesus mit seinen Jüngern an jenem Abend feierte, ging nach wenigen Stunden zu Ende. Seither feiern wir es in allen Kirchen der Erde. Wir feiern es und gehen danach auseinander. Was nehmen wir mit? Ich denke an vier Fähigkeiten.

Die Fähigkeit zunächst, den Frieden unter den Menschen zu vermissen. Die Fähigkeit, ihn zu erhoffen, ihn zu schaffen. Wie wichtig wird es uns künftig sein, ob einer lutherisch oder reformiert, katholisch oder orthodox oder vielleicht ein Baptist ist? Haben wir schon deutlich genug verstanden, wie unbeschreiblich vergangen all das ist, was heute noch zwischen den Konfessionen der Kirche steht? Die Konfessionen sind für mich ein verstaubter Rest von Aufbrüchen, die irgendwann vor Jahrhunderten geschehen sind und die in ihrer Zeit einmal sinnvoll waren, die aber ihren Sinn dadurch einbüßten, daß sie sich in einer Sonderkirche irgendwelcher Art etablierten. Für mich gibt es nur Menschen, die sich auf irgendeine Weise, auf ihre besondere vielleicht, als Volk Gottes versammeln. Frieden ist heute rund um die Erde die Hauptaufgabe derer, denen an jener Gerechtigkeit gelegen ist, von der Jesus so eindringlich sprach: Frieden zwischen Völkern, zwischen sozialen Schichten, zwischen den Generationen, Frieden überall, wo Menschen zusammenleben.

Eine zweite Fähigkeit möchte ich nennen: Feinfühligkeit für das Geheimnis der Fruchtbarkeit der Erde. Wenn wir Brot und Wein in die Hand nehmen, dann geht uns auf, wie sehr wir unser leibliches Leben der Erde verdanken: der Krume, dem Wind, der Sonne, dem Regen, der unerhört reichen Welt kleiner und kleinster Lebewesen, die die Erde fruchtbar machen, den so unvorstellbar fein organisierten Vorgängen des Wachstums und der Vermehrung. Wir können wissen, daß der Mensch nicht vom Brot allein lebt. Aber wir können auch begreifen, daß das Brot nicht durch den Menschen allein wächst. Wenn wir darum Brot und Wein in die Hand nehmen, geht uns auf, daß das elementare Leben nicht abseits des geistlichen Lebens liegt, daß es vielmehr vom spirituellen Leben und Empfinden durchdrungen sein will, von Ehrfurcht und Einsicht. Wer darum Brot und Wein genießt, übernimmt Verantwortung für die Fruchtbarkeit der Erde, Verantwortung für die Felder und die Weinberge, die zugrunde gehen unter der Geistlosigkeit und der Habgier, in der die Menschheit heute mit ihren kostbarsten Gütern umgeht. Wenn wir Brot und Wein in die Hand nehmen, bekennen wir, daß wir beides nicht geschaffen haben, sondern entgegennehmen, daß die Erde nicht uns gehört, daß wir vielmehr als Gäste dieser Erde unser Brot essen.

Eine dritte Fähigkeit: Sensibilität für das, was gerecht wäre. Wenn wir vom Tisch aufstehen und uns auf der Erde umsehen, erkennen wir, daß wir zu den Reichen gehören und ein Großteil der Menschen hungert. Das liegt heute vor aller Augen. Und was auch vor aller Augen liegt, das ist das unsagbar falsche Wirtschaftssystem, das wir für das beste und erfolgreichste halten, das System der Marktwirtschaft. Denn es verewigt die Ungerechtigkeit dadurch, daß es den Interessen der einen dient auf Kosten der anderen. Man gebe einem modernen Volkswirtschaftler einen Laib Brot und bitte ihn, diesen gerecht zu verteilen. Er wird vielleicht zeigen können, wie man auf den Mond fährt, aber scheitern an dem Problem, wie man auf dieser Erde Brot verteilt. Jesus hatte mit freier Wirtschaft nie etwas im Sinn, wohl aber mit sozialer Gerechtigkeit.

Der Überflußgesellschaft in unseren Breiten entspricht die Wegwerfgesellschaft. Wir ersticken an unserem Überfluß, das Brot quillt aus den Mülltonnen. Die Nahrung, die für Millionen Menschen ausreiche, wird in unserem Land alljährlich vernichtet, weil sie niemand kauft. Niemand schreit auf ob dieses ungeheuren Verbrechens. Jesus aber sagt: Ich reiche dir Brot. Ich teile es. So geh du hin und teile, was dir gegeben ist. Die Erde ist euer aller gemeinsamer Tisch, und das Mahl, das ihr mit mir feiert, bildet ab, was auf dieser Erde mit Brot und Wein und allen anderen Gaben Gottes geschehen soll.

Eine vierte Fähigkeit: den Zustand von Menschen dieser Zeit wahrzunehmen. Wenn wir vom Mahl aufstehen, sehen wir die vielen, die in Angst, Mattigkeit oder Depression dahinleben, ohne Antwort auf ihre Fragen und ohne Hilfe in ihrer Mühsal. Und wir verstehen, daß das heilige Mahl ein Fest ist gegen die Schwermut. Ein Fest der Hoffnung auf das Ende des Elends in den Menschen. Ein Fest der Hoffnung auf das Reich Gottes, das auf dieser Erde wachsen und in Gottes Ewigkeit sich vollenden soll. Wer eine Depression überwunden hat, erlebt seine neuen Kräfte wie ein Fest. So feiern wir mit allen, die neue Hoffnung brauchen, mit Liedern, Lichtern, Blumen und kostbaren Gefäßen. Wir feiern einen Aufbruch und sagen den Mutlosen: Dein Weg führt dich noch ein gutes Stück weiter auf dieser Erde. Aber er ist ein Weg in Gottes Reich.

Und noch eine dunkle und gefährliche Frage, die vielen Menschen wie eine Last auf der Seele liegt: Wie steht es mit dem bedrohlichen Wort des Paulus, es gebe ein »unwürdiges Essen und Trinken«, und wer dies tue, der esse und trinke sich selber ins Gericht? Bin ich würdig, eigne ich mich zum Tischgenossen des Christus. Auch da möchte ich ein klares Wort sagen. Es mag sein, daß es zu Zeiten des Paulus Gruppen von Christen gegeben hat, deren Mahlfeier etwas Unwürdiges an sich hatte, daß da gesoffen und gefressen wurde auf irgendeine unappetitliche Weise. Das geht uns nichts an. Uns geht an, wie Jesus verfahren ist, wenn er Menschen von irgendwoher zu seinen Gastmählern in Galiläa eingeladen hat. Da ging kein Sündenbekenntnis voraus und auch keine feierliche Vergebung der Sünden. Da wurde einer eingeladen, und mit der Einladung war gesagt: Du bist mir recht, so wie du kommst. Bring alles mit oder lege es vor die Tür. Es spielt jetzt keine Rolle mehr. Du bist jetzt mein Gast, und damit ist alles gut. Waren die zwölf engsten Freunde Jesu »würdig«? Waren es die fragwürdigen Gestalten von den Straßen und aus den Dörfern in Galiläa? Nein, »würdig« war keiner, aber eingeladen und am Tisch bewirtet wurde jeder, der es wollte. Der Wille, am gemeinsamen Tisch zu sitzen, ist die einzige Würdigkeit, die wir mitbringen. Und sie genügt.

Am Ende des Mahls steht der Segen, den wir einander zusprechen. Mit »Segen« meinen wir die Kraft des Wachstums und der Fruchtbarkeit. Segen heißt: Es soll etwas Neues in uns entstehen, aus dem wiederum etwas Neues hervorgeht. Es soll in uns etwas gedeihen, das für andere Menschen zu Brot wird. Eine Frucht des Friedens und der Gerechtigkeit. Der Segen sagt: Gott lasse dich wachsen und gedeihen. Er lasse dich blühen und Frucht bringen. Sei nun ein Segen für viele, die ihren Heimweg suchen durch die kurzen Tage und Nächte dieses Lebens, auch am kommenden Tisch Gottes.

Selig, sagst du, Jesus,
selig sind, die Frieden stiften.
Sie werden Töchter und Söhne Gottes heißen.

Wenn die Bibel von Söhnen spricht,
dann meint sie den Bevollmächtigten,
den Stellvertreter, den Mitarbeiter.
Die Söhne tun das Werk des Vaters,
wer den Sohn sieht, sieht den Vater.

Töchter und Söhne sind daran kenntlich,
daß sie Kriege beenden,
nicht daran, daß sie siegen oder recht haben.
Daran, daß sie lieber unrecht haben
als Krieg und Streit fortzusetzen.

Jeder noch so leise Streit ist Krieg,
denn wer streitet, sieht im anderen den Feind.
Aller Haß ist Krieg,
denn er will die Auslöschung des anderen.
Ehrgeiz ist Krieg,
denn er sucht die Erniedrigung des anderen.
Mißtrauen ist Krieg,
denn es fordert Selbstverteidigung.
Lüge ist Krieg.
Ausschluß des anderen vom gemeinsamen Tisch
ist Krieg.

Frieden schaffen heißt: Vertrauen gewähren.
Freiheit. Bejahen. Verzeihen.
Güte zeigen, Schutz geben, Bergen.

Daran zeigt sich, wer eine Tochter,
ein Sohn Gottes ist:
daß der Friede von Gott,
der Friede des heiligen Mahls,
durch einen Menschen auf die Erde kommt.

Selig ist er. Glücklich. Erfüllt.
Er ist selbst, was andere durch ihn sind:
Empfänger des Friedens.

III

Die Entscheidung

Nach dem Abendessen verließen sie den Raum, gingen ins Kidrontal vor die Stadt hinaus und kamen zu einem Gehöft mit Namen Gethsemane. Das Evangelium erzählt darüber:

»Dort sagte Jesus zu seinen Jüngern: Setzt euch hier! Ich will dort drüben beten. Er nahm Petrus, Jakobus und Johannes mit und fing an zu trauern und zu zagen: Meine Seele ist betrübt bis an den Tod, bleibt hier und wacht! Und er ging ein Stück weiter, warf sich auf die Erde und betete, wenn es möglich sei, so möge doch diese Stunde an ihm vorübergehen. Und er sprach: Vater, mein Vater! Alles liegt in deiner Macht, laß diesen Kelch an mir vorübergehen! Aber nicht, wie ich will, sondern wie du willst! Als er wieder zu ihnen kam, fand er sie schlafend und weckte Petrus: Schläfst du? Kannst du nicht eine Stunde wachen?« (Matthäus 26,38-40)

Es ist üblich, den Weg vom Abendmahlssaal in den Garten Gethsemane für den normalen Weg der Jünger und ihres Meisters zu halten. In der Stadt ging es eng zu, also schliefen viele Pilger in den Gärten der Umgebung. So sagt Lukas (22,39), er sei dorthin gegangen, »wie er es gewohnt war«. Aber damit ist dieser abendliche Gang nicht zureichend erklärt. Es gibt nämlich eine jüdische Gesetzesbestimmung, die für die Passanacht wesentlich war. Sie besagte, das Passaopfer könne nur im Tempel dargebracht und das Passamahl müsse in der Stadt eingenommen werden. Die Nacht nach dem Passamahl aber habe der Feiernde in der Stadt zuzubringen. Er dürfe sie nicht verlassen. Verließ Jesus dennoch die Stadt, so muß er einen zwingenden Grund gehabt haben. Es gab aber eine weitere Gesetzesbestimmung, die besagte, dem Feiernden sei es erlaubt, die Stadt zu verlassen, wenn sein Leben bedroht sei, er also vor Feinden, die ihn verfolgten, fliehen müsse. Was bedeutet dann dieser Weg aus der Stadt hinaus an den Ölberg, da ein Jude in dieser Nacht des Passa die Stadt nicht ohne Not verließ?

Offenbar war es Jesus völlig klar, daß die Priesterschaft am Tempel und die Mächtigen in Jerusalem die Absicht hatten, ihm das Leben zu nehmen, sei es durch einen Anschlag, sei es durch einen Prozeß. Es war nicht nur sein Vorgehen im Tempel, als er die Händler vertrieb, durch das er sich strafbar gemacht hatte. Und es war nicht nur die allgemeine Vermutung, er erhebe den Anspruch, der Christus, der Messias, der Befreier und künftige König Israels zu sein, sondern alles, was vorangegangen war: seine Ablehnung des bewaffneten Aufstands, seine radikale Auslegung des Gesetzes oder seine offenbare Unabhängigkeit von denen, die einen König im Zweifelsfall einzusetzen hatten, nämlich der Priesterschaft. Er war in allen Dingen so anders, als was man sich zu jener Zeit unter dem »Gesalbten Gottes«, dem »Christus« vorstellte, daß er nur ein Betrüger sein konnte oder ein gefährlicher Irrläufer. Auf jeden Fall, da viele Menschen ihm begeistert anhingen, war er eine Gefahr für die religiöse und staatliche Ordnung, wenn nicht in Galiläa, so doch in Jerusalem.

Das muß Jesus von Anfang an klar gewesen sein. Darum halte ich die Leidensweissagungen in den Evangelien keineswegs, wie viele meinen, für spätere Deutungen, sondern für originale Worte Jesu. Er müßte blind gewesen sein, hätte er den Zusammenprall mit der Tempelhierarchie und das für ihn auf alle Fälle tödliche Ende dieses Zusammenstoßes nicht vorausgesehen. Im Lauf des Abendmahls, während vermutlich die Tempelpolizei nach ihm suchte, verdichteten sich offenbar die Nachrichten: Man sucht dich, sie laufen durch alle Gassen, um dich zu finden. Und da war er vermutlich unsicher, was er tun sollte. Es gab zwei Möglichkeiten: Er konnte sich stellen. Damit war sein Schicksal besiegelt. Und: Er konnte untertauchen. Noch war die Stadt offen. Er konnte sich vorläufig in den dunklen Gärten vor der Stadt in Sicherheit bringen und dann entscheiden. Denn die Möglichkeit bestand durchaus, vom Kidrontal in die nur eine halbe Stunde Wegs von dort beginnende Wüste Juda zu gelangen. Dort aber war er nicht nur unauffindbar, er war auch dem Arm der Tempelpolizei entzogen. Denn dort lebten nicht nur die mit den Tempelpriestern verfeindeten Essener, sondern auch eine ganze

Reihe von nomadischen Hirtenvölkern, bei denen er untertauchen konnte.

Freilich: Diese Möglichkeit der Flucht bedeutete, daß er damit aus der Geschichte verschwand. Er gab seine Mission auf. Er verleugnete alles, was er bis dahin vertreten hatte. Sein Auftrag kam, darin war er sicher, von Gott. Und ob er diesen Auftrag verraten solle oder dürfe, das war wohl die Frage, die ihn trieb, die Mauern der Stadt zu verlassen und im Kidrontal unten die Entscheidung zu suchen. Und es ist anzunehmen, daß die Jünger diesen Weg so oder ähnlich verstanden und ihn, getrieben von der Furcht vor dem, was kommen würde, mitgingen.

War es eine Flucht, die ihn in den Garten Gethsemane führte, so nimmt ihm das nichts von seiner Größe. Es beweist nur, daß er an seinem Auftrag hing, den er als Lebender erfüllen wollte. Er sagt später im Garten das Wort: »Der Geist ist willig, aber das Fleisch ist schwach.« Das klingt so, als ermahne er damit seine Jünger, wach zu bleiben. Aber im Grunde galt das Wort auch für ihn selbst. Daß sein »Leib«, der irdische Mensch, sich vor der Qual fürchtete, die ihm bevorstand, das ist mehr als begreiflich. Die Geißelung mit der neunschwänzigen Katze der Römer, die ihm erbarmungslos das Fleisch von den Knochen reißen würde, und die brutale Tötungsweise der Kreuzigung: Er hätte kein Mensch sein dürfen, wenn er sich nicht davor gefürchtet hätte. Sein Fleisch war schwach. Ob der Geist stärker sein würde, das eben war die Frage.

Sein menschlicher Wille wollte leben. Der Wille Gottes wollte offenbar etwas anderes. Welchem Willen er sich fügen sollte, das war auf dem Weg hinab ins Tal die offene Frage.

Im Mittelpunkt des Passafestes steht das Lamm, das in jeder Familie an diesem Abend verzehrt wird. Das Passalamm vor Augen, das seinen Tod nicht verschuldet hat, das aber den Tod erleidet als Opfer für die Menschen, steht Jesus vor der Frage, ob und wie er seinen Auftrag erfüllen soll. Er wird sich im Lauf des Abends für das Schicksal des Passalammes entscheiden. Die Passanacht ist bis heute eine Nacht der Freude für Israel. Und er, der für sein Volk denkt und handelt und kämpft, will sich an der Erlösung mitfreuen. Er geht in sein Leiden darum nicht in stummer Ergebenheit. Er will leben und wirken und wehrt sich gegen den Tod. Erst von dem Augenblick an, in dem er sich dem Willen Gottes fügt, wird er still und stiller und immer mehr eins mit seinem Auftrag.

Sie kommen unten an. Zwischen Ölbäumen lassen sich die Jünger nieder, und Jesus entfernt sich »einen Steinwurf weit« von ihnen. Er ist allein mit seinem Vater. Es wird erzählt, er habe sich dreimal von seinen Jüngern entfernt und sei dreimal wieder zu ihnen zurückgekehrt, um ihren Beistand, mindestens ihr Mitdenken und Mitentscheiden zu erhalten. Aber sie hätten geschlafen. Sie waren offenbar durch die Situation überfordert. So ist Jesus allein.

Es wird auch erzählt, Jesus habe das Bild von einem »Kelch« gebraucht. Kurz vorher hatte er den mit Wein gefüllten Kelch gesegnet, der beim Passamahl herumgereicht wird. Und er hatte gesagt: Trinkt. Das ist mein Blut. Nun wird eben dieser Kelch zum Bild des Leidensschicksals, das ihm droht. So wird beim erstenmal berichtet: »Er ging ein wenig weiter, fiel nieder auf sein Angesicht, betete und sprach: Mein Vater, wenn es möglich ist, daß dieser Kelch an mir vorübergeht, dann laß ihn vorübergehen. Aber nicht wie ich will, sondern wie du willst.« Beim zweiten und dritten Mal habe er gesagt: »Mein Vater, wenn es nicht möglich ist, daß dieser Kelch an mir vorübergeht und ich ihn trinken muß, so geschehe dein Wille.« Und am Ende habe er die Jünger aufgefordert: »Auf! Die Stunde ist da! Der Verräter kommt!«

Ursprünglich, wohl noch beim Weg ins Kidrontal, gab es drei Möglichkeiten. Die erste, daß das schreckliche Schicksal an ihm vorübergeht. Die zweite, daß es nicht vorübergeht, sondern erfüllt und durchlitten werden muß. Und die dritte, daß er selbst an jenem Kelch vorbeigeht, eigenmächtig, seinen Auftrag verratend. Im Garten, so verstehen wir die Situation dort, verengte sich die Entscheidung bereits auf das, was Gott wollte: daß er den Kelch trinken soll oder daß er ihm nach Gottes Willen erspart bleibt. Die Grundentscheidung war also schon gefallen. Jesus war wieder auf der Linie, auf der er sich seither immer bewegt hatte.

Immer wieder hatte Jesus in der Zeit davor gesagt: »Was geschrieben ist, muß erfüllt werden.« Er meinte: Beim Propheten Jesaja ist vom Knecht Gottes und von seinem Schicksal die Rede. Was da steht, zielt auf mich. Das bedeutet: Meinem Schicksal liegt eine Absicht zugrunde, ein Wille, der mir mein Schicksal zumißt, hat ein Ziel im Auge. Und diesem Ziel ist meine eigene Absicht eingeordnet.

Hier liegt etwas sehr Entscheidendes für uns selbst, nämlich der Ausgangspunkt, von dem aus ein Mensch mit seinem Geschick ins Einvernehmen kommen kann. Daß er von einem Plan weiß oder ahnt, daß seine Zukunft gewußt wird, vorausgewußt in einem Bewußtsein, das dem seinigen überlegen ist und ihm um Ewigkeiten voraus. Daß er weiß oder ahnt, daß sein Schicksal einen Sinn hat, einen ihm selbst verborgenen, eine Bedeutung, ein Ziel. Daß ihm eine Absicht zugrundeliegt. Daß er weiß oder ahnt, daß da eine führende Hand ist, die einen Weg vorzeichnet, oder wie immer man dieses Wissen und diese Ahnung umschreiben will.

Können wir im Ernstfall eine Anrede hören, die anderswoher kommt, etwa von jenem Gegenüber, das wir Gott nennen? Daran entscheidet sich, ob wir eine Antwort finden, ob wir etwa ein Ja sprechen können, das ein schweres, vielleicht tödliches Schicksal annimmt und das an die Stelle unseres natürlichen Lebenswillens tritt. Gibt es für uns einen großen, alles einbeziehenden Willen, der sich etwa in den Einzelheiten eines Krankheitsverlaufs auswirkt? Daran entscheidet sich, ob unser Wille zurücktreten kann oder sich wehren muß, sich gegen das stellen, was uns widerfährt. Im anderen Fall bleibt uns der stoische Gleichmut einem anonymen Geschehen gegenüber oder aber die Selbstbehauptung, die irgendwann ermattet oder zerbrochen wird und so der Anfang der Verzweiflung ist.

Es mag dann immer noch geschehen, daß ein »Kelch« an uns vorübergeht. Das wäre ein Grund zur Dankbarkeit. Es mag aber auch geschehen, daß uns ein Kelch zugemutet wird und wir, unsererseits, an ihm vorbeigehen. Das würde bedeuten, daß wir uns selbst, unser Wesen, unseren Auftrag verfehlen, was oft geschieht, auch wenn uns der Wille Gottes deutlich ist. Dann bliebe uns nur noch der – durchaus nicht billige – Trost, daß wir auch in unserer Angst und in unserer Flucht von der Gegenwart des größeren Willens festgehalten sind. Denn niemand entrinnt zuletzt dem, was ihm zugedacht ist, auf die eine oder die andere Weise.

Wo unser Wille sich hingibt, sich preisgibt, da geschieht das eigentlich Erlösende: Da wird uns aus dem rätselhaften Gott, dessen Hand so schwer auf uns liegt, der Vater, den Jesus im Garten anspricht. Dieser Vater erwartet uns, während wir unseren Weg mit dem verängstigten Bruder Jesus zusammen zu gehen versuchen. Wo unser Wille sich hingibt, wandelt sich in uns der bloße Mensch in das Kind Gottes, das eine Hand kennt, die es führt.

Wir stehen aber – sehr selten – nicht nur vor ähnlichen Entscheidungen wie Jesus an jenem Abend.

Wir finden uns vor allem auch in seinen Jüngern. Sie schliefen, so wird erzählt, und »ihre Augen waren voll Schlafs«. Ich kann mir nicht denken, daß der Tag so anstrengend war, daß sie sich aus normaler Müdigkeit nicht wach halten konnten, zumal in einer so erregenden Situation. Mir scheint, sie haben reagiert, wie es uns Menschen allgemein nahe liegt, wenn die Nachricht von einer bevorstehenden Katastrophe uns trifft. Wir tun so, als gebe es nichts Bedrohliches. Es könne alles gar nicht sein. Also schalten wir ab, stellen uns tot. Was nach außen dringt, ist allenfalls eine diffuse Verwirrung in Kopf und Herz. Wir flüchten uns in die Abwesenheit, in den Schlaf.

Es wäre da schon etwas gewonnen, wenn wir überhaupt reagierten, mit Widerstand etwa, mit Anklage gegen die Menschen oder gegen Gott oder das Schicksal. Es wäre vor allem viel gewonnen, wenn es gelänge, mit Trauer zu antworten. Denn die Trauer ist eine reale Auseinandersetzung mit dem drohenden Verlust. Aber so weit kommen die Jünger nicht. Sie schlafen, und ihr Schlaf ist ein Vorwand. Vorwände dieser Art bringt ein Mensch nur vor, um zu verdecken, wo der wirkliche Grund für die Trauer liegt. Wenn zum Beispiel das Ende aller hochgestellten Erwartungen in Sicht ist oder die Furcht, mitbehaftet zu werden für das, was einem anderen vorgeworfen wird.

Dieser Schlaf ist nichts Ungewöhnliches. Wir »schlafen« fast immer. Fast immer geht die Klage der Leidenden an uns vorbei. Wir sehen zwar, aber wir hören nicht. Die Bilder des Schreckens finden uns, die Gestalten des Elends auf dem Erdenrund nimmt unser Auge wahr. Sie sind täglich vor uns. Wir sehen durchaus. Wir können auch den Befund des Arztes lesen. Aber es fehlt am Gehör. Was uns gesagt wird, prallt an uns ab. Was das Elend uns zuruft, hören wir nicht. Der Anruf des Schicksals verhallt ungehört. Entscheidend ist das Ohr. Darum ist unserem Auge die Fähigkeit gegeben, sich zu schließen, wenn wir schlafen, nicht aber dem Ohr. Was dort eindringt, will uns finden, und wir können es, obwohl wir es vernehmen, überhören. So könnte es sein, daß wir auch die Steine überhören würden, die, wie Jesus sagt, schreien werden, etwa auch im Garten des verlassenen, verängstigten Menschen.

Dort aber geht es darum, wach zu sein und zu sagen: Ich bin bei dir. Ich höre deine Klage. Ich denke mit dir nach über das, was kommt und wie du ihm begegnen kannst. Hier läge einer der Aufträge, die uns aus der Passionsgeschichte entgegenkommen.

Wie lernen wir, dem zu begegnen, was uns widerfährt? Wir können das Ablegen unseres eigenen Willens auf verschiedene Weise üben.

Eine erste Übung könnte darin bestehen, daß wir den Versuch machen, unsere Gedanken abzulegen. Wir können ja wissen, daß es uns unmöglich ist, uns selbst wirklich zu verstehen, unmöglich, mit unseren Gedanken den Sinn und das Ziel unseres Weges zu fassen, unmöglich, über Gott zutreffende Gedanken zu denken. Versuchen wir es also immer wieder, unsere Gedanken wegzulegen und zu hören, was für Gedanken uns von Gott her entgegenkommen. Sei es, daß wir in besonderen Erfahrungen solchen Gedanken begegnen, sei es, daß wir sie aus dem Wort der Überlieferung vernehmen. Vielleicht werden wir fähig, dann und wann wirklich einen Gedanken mitzudenken, der von Gott kommt.

Eine andere Übung könnte darin liegen, daß wir unsere Pläne ablegen. Immer haben wir Pläne für morgen, für nächstes Jahr, für Lebensabschnitte, für das ganze Leben, und immer wieder werden wir an den Punkt kommen, an dem unsere Pläne sich auflösen in nichts oder von der Wirklichkeit überrollt werden. Wir können aber über den Plan nachdenken, den ein anderer von uns und unserem Weg hat, und uns darin üben, dann und wann einen Plan loszulassen und anzunehmen, was aus dem Plan eines anderen auf uns zukommt.

Eine weitere Übung könnte darin liegen, Sorgen um andere Menschen abzulegen. Nicht, daß wir uns nicht mehr um sie kümmern sollten, sondern so, daß wir der Sorge inne werden, mit der Gott sich ihnen zuwendet. Wir könnten verstehen, daß unsere Sorge und Angst nichts ändern und nichts bessern werden, es sei denn, sie gehen in dieselbe Richtung, die dem Weg jener Menschen von Gott her vorgezeichnet ist.

Eine Übung könnte auch darin liegen, daß wir die Sorge um uns selbst ablegen, die Angst um unser eigenes Versagen. Wir können wissen, daß wir uns selbst viel aussichtsloser ausgeliefert sind als daß wir uns mit Hilfe von Sorge von uns befreien könnten. Wir sollten begreifen, daß die Wandlung und Befreiung unserer eigenen Seele viel eher darin liegt, daß wir uns dem Segen Gottes öffnen.

Eine lebenslange Übung könnte schließlich darin liegen, daß wir prüfen, wohin unser Wille will, und ihn ablegen. Können wir verantworten, was durch uns geschieht? Liegt nicht alles daran, daß uns einer führt bis hin zu dem Punkt, der im Garten Gethsemane erreicht war: der einen, vielleicht auf uns zukommenden Grundentscheidung, wessen Wille denn nun endgültig für uns gelten soll?

Alles in Gottes Hand legen. Alles in Gottes Hand lassen. Alles aus Gottes Hand nehmen. Das wäre der Anfang der Fähigkeit zu leiden und der Anfang der Stille in uns und des Friedens.

Die Passionsgeschichte fährt fort: »Während Jesus mit seinen Jüngern redete, kam ein Trupp Soldaten von der Tempelwache, dazu eine Gruppe römischer Soldaten. Einer von den zwölf Jüngern, Judas, führte sie an, trat auf Jesus zu und küßte ihn. Da fragte ihn Jesus: Judas, verrätst du mich mit einem Kuß? Zu den Anführern der Truppe, unter denen auch Priester vom Tempel waren, sprach Jesus: Mit Schwertern und Knüppeln kommt ihr daher, als gälte es, einen Räuber zu fassen. Bin ich ein Räuber? Saß ich nicht Tag für Tag bei euch im Tempel, und niemand hatte den Mut, mich festzunehmen? Aber das ist eure Stunde, die Stunde, in der die Finsternis die Macht hat.« (Lukas 22,47-48,52-53)

Die Leute, die das Monopol der Machtausübung beanspruchen, die Tempelwache der Juden und einige Soldaten der römischen Besatzungsmacht, schlagen zu. Sie drängen in den Garten. Judas gibt das vereinbarte Zeichen. Petrus schlägt für einen Augenblick wild um sich. Die Gruppe der Jünger zerstiebt –, und wenige Augenblicke später ist alles still wie zuvor. Die Bewaffneten führen einen gefesselten Menschen, einen Gefangenen mit sich, vermutlich die lange Treppe zum Palast des Kaiphas hinauf, die heute noch zu sehen ist.

Der Kuß des Judas war das Zeichen des Verrats. Ich sagte schon: Die Juden sind in den zweitausend Jahren seitdem dafür haftbar gemacht worden, daß Jesus durch Judas verraten und durch »die Juden« umgebracht wurde. Millionenfaches Elend haben sie unter dem Haß der Christen erlitten. Von der

Antike an über die Pogrome in Spanien im 15. Jahrhundert bis zu denen Hitlers reicht die Kette der Verfolgungen. Ich sagte schon: Vielleicht hat Judas letztlich etwas ganz anderes gewollt als einen Verrat. Wenn wir in ihm nach wie vor den Erzverräter sehen wollen, als der er seit zweitausend Jahren gilt, dann sollten wir uns fragen: Hat sich je ein Mensch sein labiles Wesen selbst gegeben? Seinen schwankenden Charakter? Seine Willensschwäche? Empfängt sich nicht zunächst einmal jeder so, wie er dann ein Leben lang sein wird? Macht irgend jemand seine Neurosen selbst? Gibt sich jemand selbst seine Eltern, die Erziehung, die er genoß, sein soziales Umfeld? Macht jemand selbst, was in seiner Zeit geschieht und was ihm im Lauf seines Lebens begegnet? Alles ist zunächst einmal Gnade oder Verhängnis. Wenn wir von Freiheit reden, dann immer gegen die erdrückende Erfahrung, daß die Freiheit eine Sache des Glaubens ist.

Je älter ich werde, desto mehr Mühe habe ich, einen anderen für das schuldig zu sprechen, was durch ihn geschieht. Judas? Was weiß ich, worunter er an sich selbst litt? Was weiß ich von seinen Meinungen, seinen Gedanken und seinen Irrtümern? Auch die eigenen Irrtümer schafft niemand sich selbst. Der Spielraum, der uns gegeben ist, gut oder böse zu sein, ist sehr gering. Ich sagte schon, es mag sein, daß Judas seinen Meister liebte und daß er zum Mittel der Verrats griff, um ihn in eine Situation zu bringen, in der er sich als König Israels offenbaren, in der er aus seinem Inkognito heraustreten mußte. Vielleicht war Judas nur ein ungeduldiger Mensch. Aber das bin ich auch. Ich habe persönlich viel Grund, dankbar zu sein dafür, daß durch mich bislang nichts geschehen ist ähnlich dem Verrat des Judas.

Das dunkelste Wort in unserer Szene ist das von der »Finsternis«: »Das ist eure Stunde. Jetzt hat die Finsternis die Macht.« Wer hat die Macht? Ist Gott plötzlich aus dem Spiel? Und wer ist das, die Macht der Finsternis? Wem dienen die Männer, die in den Garten eindringen? Hatte Jesus nicht eben noch gesagt: »Es geschehe dein Wille.«? Und was bewirkt dieser Wille nun noch, wenn es die Finsternis ist, die bestimmt, was geschieht?

Wir müssen an dieser Stelle, jeder für sich, alles noch einmal von Anfang an durchdenken, was uns je über Gott durch Herz und Sinn gegangen ist. Kaum irgendwo in der Bibel loten wir so tief in den Abgrund Gottes hinab wie hier. Kaum irgendwo wird uns so bewußt, wie kühn es ist, von Gott als dem »Vater im Himmel« zu reden. Könnte es nicht sein, daß der »Vater« nur die eine Seite Gottes wäre, die »Macht der Finsternis« aber die andere, die ihm ebenso angehört? Ist es denn falsch, wenn wir vom Dämonischen reden oder gar vom Satanischen, und entspricht beidem nicht eine abgründige, mächtige Wirklichkeit? Man schreibt bei uns Bücher über das »sogenannte Böse« und findet es natürlich und keineswegs als Macht. Aber gibt es nicht doch ein wirklich Böses? Wir täuschen uns, fürchte ich, wenn wir meinen, was die Bibel »Finsternis« nennt, lasse sich mit ein wenig Psychologie, Verhaltensforschung oder Soziologie abdecken. Ist das Böse des Dritten Reichs aus der Bosheit Hitlers allein zu erklären oder ist da nicht doch auch das dunkle Erdreich des Bösen, aus dem das einzelne Verbrechen oder ein verbrecherisches System sich erhebt?

Mit gutgemeinter Veränderung der Verhältnisse ist viel Gutes zu erreichen, aber nicht das Böse zu beseitigen. Es erlischt keineswegs, wenn irgendwo ein Brandherd ausgetreten ist. Es ist auch noch keineswegs geklärt, wenn man die Gründe seines Auftretens meint begriffen zu haben. Es ist nicht nach Personen einzugrenzen, nicht nach Ländern, nicht nach Systemen, nach Schichten oder Menschengruppen. Wer ihm nachgeht, befindet sich nach wenigen Schritten im verzweigten Labyrinth dessen, was wir das Menschenleben überhaupt nennen.

Aber woher kommt es? In der Bibel ist der Satan sozusagen ein Angestellter Gottes. Er hat keine eigene Macht. Das Buch Hiob schildert, wie der Satan von Gott die Erlaubnis erbittet, Hiob zugrunde richten zu dürfen. »Satan« heißt wörtlich aus dem Hebräischen übersetzt so viel wie »Staatsanwalt«, Ankläger am Hof Gottes, an Gottes Weltgericht. Er hat sich nicht selbst geschaffen, er besteht nicht aus eigener Machtvollkommenheit. Er hat vielmehr aus dem Willen Gottes einen Auftrag, und der wird von Gott überwacht. In der Tat: Wenn Gott diese Welt in Sein und Wesen gestellt hat, dann kommt das Böse aus dem Willen Gottes, dann ist diese Welt nach dem Willen Gottes in den Gegensatz zwischen Gut und Böse gestellt wie zwischen Tag und Nacht. Dann gründet alles Böse letztlich in Gott selbst. Wenn wir dann ansehen, was uns dabei aus Gott wird, stellen wir, vielleicht mit Entsetzen, fest, daß in Gott nicht nur das Gute seinen Ursprung hat, sondern auch das Böse. Seiner Allmacht steht dann eine seltsame Ohnmacht gegenüber, seiner Liebe eine entsetzliche Destruktivität.

Wen meint also Jesus mit der »Macht der Finsternis«? Und wessen Stunde hat nun geschlagen, wenn in ihr der Wille Gottes geschehen wird, von dem er kurz zuvor gesprochen hatte? Ist es nicht die Stunde Gottes? Ich meine, wer wirklich mit Gott zu tun hat und nicht nur mit einem mehr oder minder harmlosen Bildchen vom »lieben Gott«, den wird das Grauen erfassen vor dem, den er noch preisen und anbeten soll. Der »dunkle Gott«, der »unbekannte«, der »verborgene«, von dem Luther sprach, ist eine Wirklichkeit, die diese ganze Welt durchdringt und weit über sie hinausreicht. Was wir von Gott wissen, was uns auf dieser Erde klar sein kann, das ist ein höchst eingeschränktes, höchst unscharfes Bild von den abgründigen Möglichkeiten, die in Gott sind. Es ist kein akademisches Problem, es ist vielmehr das Elend, an dem heute Millionen Menschen leiden, wenn nicht zerbrechen. Die Gottesfinsternis, die dunkle Nacht der Seele, die Anfechtung, oder wie immer die Mystiker des Mittelalters, die Reformatoren und viele andere Christen von früher und von heute sich ausdrücken, bedeutet eine elementare Bedrohung. Sie bedeutet Lichtlosigkeit, Bodenlosigkeit, Verworfenheit, Selbstverlust, Tod. Da tasten sich die großen Glaubenden der christlichen Geschichte – und gerade sie – aus der tiefen Nacht der Gottverlassenheit oder der Gottesangst zurück zu irgendeiner Erfahrung der Güte dieses selben Gottes, ohne Hoffnung ihn zu finden, ohne zu wissen, wo er überhaupt zu suchen sei, ob in seiner Finsternis irgendwo ein Licht, irgendwo im Nichts noch seine Fülle erfahrbar sei. Wenn aber in Gott kein Licht zu finden ist, erscheint die christliche Rede vom »Vater« für unzählige Menschen dieser Zeit eine fromme Phrase, die man tunlichst vermeiden sollte.

Daß wir als Christen nicht nur von »Gott allgemein« reden, sondern sehr bewußt von Jesus Christus, das hat hier seinen Grund. Jesus hatte die Kühnheit, angesichts einer von Gewalt und Unrecht erfüllten Welt von einem uns zugewandten, freundlichen Gesicht Gottes zu reden und sich ihm anzuvertrauen. Er sprach ihn auch im Garten Gethsemane noch als seinen »Vater« an. Wir aber trauen ihm zu, daß er wußte, wovon er sprach, und daß er ein Recht und einen Grund hatte, Gott so anzureden. Wir nennen ihn ja den »Christus«, das heißt den von Gott Eingesetzten, Beauftragten. Wir nennen ihn in unserer verwegenen Bildersprache den »Sohn«, den also, der zu diesem Vater in einer besonderen Nähe stand, und vertrauen uns ihm an.

Wie kann man aber, diese Frage drängt sich auf, in der Macht der Finsternis den Vater erkennen? Wie kann ein Mensch wissen, ob er es mit Gott, dem Vater, zu tun hat, oder mit dem Gott, in dem die Finsternis ist? Jesus konnte auch in jener Stunde letztlich den Vater erkennen, weil er aus seiner Hand die Jahre zuvor seinen Auftrag entgegengenommen hatte, aus seiner Hand die Mühsal seiner Arbeit, seine Einsamkeit und die Kraft, mit der er den Menschen zu helfen vermochte. Er war hinausgegangen in die Wüste, die nach dem Glauben der damaligen Zeit voll von dunklen Mächten war, wenn er die Stimme des Vaters hören und seine Sprache verstehen wollte. So konnte er die Zeichen, die Gott ihm gab, in denen wiedererkennen, die ihm die Macht der Finsternis anzeigten. Bis heute bewährt sich auch unser Glaube nicht darin, daß wir zwischen Licht und Finsternis unterscheiden können – das ist einfach, sondern darin, daß wir in der Finsternis den Gott des Lichtes ahnen. Darum geht es heute. Alles andere ist für uns Menschen dieser Zeit zur Nebensache geworden.

Jesus wußte, daß er der Macht der Finsternis, deren Werkzeuge ihm in der Dunkelheit entgegenkamen, nichts entgegenzusetzen hatte, es sei denn zusammen mit dem Vater. So konnte er ihm entgegentreten und sich binden lassen. So war er nicht von der Macht der Finsternis gebunden, sondern von Gottes Willen. Er blieb er selbst, auch nach Hergabe seiner Freiheit. Er verlor nicht den Mut, sondern gewann Gottes Kraft hinzu. Er ging seinen

Richtern entgegen mit der Stille und gesammelten Kraft, die er für den kommenden Tag brauchte.

In diesen Zusammenhang gehört, was wir über unsere Freiheit denken. Denn irgendwann im Lauf unseres Lebens geben wir unsere Freiheit ab. Irgendwann endet die naive Rede von der »freien Fahrt des freien Bürgers«. Irgendwann müssen wir begreifen, daß das Menschenleben mit allem, was es schön und sinnvoll macht, mit dem Opfer irgendeiner Freiheit zu tun hat. Daß das Glück nur dort Bestand hat, wo die Freiheit nicht das Wichtigste ist, und daß Liebe die Freiheit des anderen sucht und die eigene begrenzt. In der äußersten Dunkelheit aber ist nichts anderes möglich und sinnvoll als Gott handeln zu lassen und die Verantwortung für alles, was daraus folgt, dorthin zu legen, wo die größere Klarheit, die beständigere Macht und das genauere Ziel sind. Wer das tut, resigniert keineswegs. Re-signieren heißt, seine Feldzeichen zurückzustecken. Es heißt weniger wollen. Er will vielmehr das Größere, das Weiterreichende, das eigentlich Sinnvolle, und findet so die wirkliche Freiheit.

Sucht ihr mich?« fragt Jesus die Männer von der Tempelpolizei. »Ich bin's.« Dieses »Ich bin's« sprach Jesus in einer anderen Situation lange vorher. Als seine Jünger einmal im Boot unterwegs waren über den See Genezareth und in einen Sturm gerieten, sahen sie ihn in der Finsternis über das

Wasser kommen und meinten, er sei ein Gespenst. Ihnen sagte er: »Keine Angst. Ich bin's.«

Indem wir Jesus durch die Nacht von Gethsemane begleiten, tritt er für uns an die Stelle, an der für uns der dunkle Gott stand. Wir hören ihn sagen: Ich bin's. Mitten in dem, das dir Angst macht, bin ich. Fürchtest du den Sturm? Ich bin's. Fürchtest du, was kommt? Ich bin's. Fürchtest du deine Krankheit? Ich bin mitten in ihr. Fürchtest du das Sterben? Es wird eine Begegnung mit mir sein. Nimm also die Herausforderung der Stunde an. Du brauchst dich nicht zu wehren. In der Herausforderung begegnest du mir.

Du brauchst dich nicht gegen die Welt abzuschirmen. Du brauchst weder in dir selbst noch an irgendeinem weltabgewandten Ort Zuflucht zu suchen. In allem, was die Welt dir zumutet, begegnest du mir. Du brauchst niemanden zum Feind haben. In jedem Menschen begegnest du mir, und trete er dir noch so feindlich gegenüber. Tritt ihm unbewaffnet und barmherzig gegenüber. Du stehst in der Hand eines Stärkeren.

Nimm die Herausforderung dieser Zeit an. Wenn sie eine Änderung deiner Gesinnung verlangt – und sie verlangt es –, dann nimm die Forderung an. In dieser Zumutung begegnest du mir.

Du hast keine Angst nötig, weder vor dem Untergang der menschlichen Zivilisation auf dieser Erde noch vor dem Krieg oder vor persönlichem Schicksal. Die Zukunft wird, in welcher Form immer sie dir entgegentritt, die Begegnung mit mir bringen.

Das bedeutet, daß wir uns von der Angst nicht bannen lassen. Es bedeutet, daß wir nachdenken können, wo andere in Panik verfallen. Daß wir noch ein wenig Güte haben, wo andere gezwungen sind, zu hassen. Nichts kann die Angst bannen, die heute durch die Welt geht, es sei denn das freundliche Wort, mit dem Gott uns mitten aus der Gefahr heraus anspricht. Nicht die Mächte der Finsternis sind es. Ich bin's. Nichts kann uns helfen als das eine, daß das Gebirge der Wellen in seiner Gegenwart in sich zusammensinkt und der Horizont frei wird, in dem die Weltgeschichte sich in Wahrheit abspielt. Nichts hilft, als daß er uns den Blick freigibt für ihn selbst, den Kommenden, der von sich sagt: »Ich bin das Licht der Welt, wer in mir bleibt, der wird nicht im Finstern sein, sondern im Licht und wird leben.« (Johannes 8,12)

Auf irgendeinem Schritt unseres eigenen Weges geht es um die Hergabe der Freiheit. Und es wird sich zeigen, daß nur der wirklich Freie, der seinen Willen Gottes Willen eingefügt hat, fähig ist, seine Freiheit aufzugeben. Er hat sich in die Freiheit Gottes begeben und bedarf seiner menschlichen Freiheit nicht mehr. Durch das, was danach geschieht, geschieht nicht mehr sein Plan und sein Wille, sondern der Wille Gottes. Nichts Größeres kann über ein Menschenleben gesagt werden, nichts kann den letzten Sinn der Freiheit reiner erfüllen als die Tatsache, daß durch sie Gott handelt. Er selbst.

Selig sind die Barmherzigen.
Sie werden Barmherzigkeit erlangen.

Selig, wer seinem Feind barmherzig begegnet.
Wer brauchte Barmherzigkeit nötiger
als der, dessen Herz in Feindschaft erstarrt ist?
Selig, er begegnet dir, Jesus,
in seinem Feind.

Selig, wer seine Freiheit aufgibt,
um barmherzig zu sein.
Wer seine Hände binden läßt
und keinen Haß empfindet.

Selig nennst du die Barmherzigen,
die dem Freiheit geben,
der selbst gebunden ist.
Sie sind ein Auge für die Blinden,
ein Ohr für die Tauben,
Verstand und Herz für den Schwachen,
der seinen Haß braucht,
um in seinem Leben Sinn zu finden.
Sie sind ein Zeichen des Glaubens
für die Ungläubigen,
eine Hoffnung den Hoffnungslosen.

Selig sind sie, weil sie an die Zukunft glauben,
in der Gott sich aller erbarmen wird.
Der Leidenden und derer,
die Leid zufügen.
Sie tun, so gut sie es verstehen,

so gut es gelingen will, was Gott tut,
und verlassen sich auf ihn,
den Barmherzigen.

Selig sind sie,
sie werden von seiner Güte leben,
mit allen seinen Geschöpfen
im Frieden seiner Barmherzigkeit,
den wir das Reich Gottes nennen.

IV

Das Recht und die Wahrheit

Danach führten sie Jesus zu dem Hohenpriester Kaiphas, wo die Schriftgelehrten und die Ältesten sich versammelt hatten. Der Hohepriester aber und der ganze Rat suchten ein falsches Zeugnis gegen Jesus, aufgrund dessen sie ihn töten könnten. Und obwohl viele falsche Zeugen vortraten, fanden sie doch nichts. Zuletzt traten zwei vor und sprachen: Er hat gesagt: Ich kann den Tempel Gottes abbrechen und in drei Tagen aufbauen. Da stand der Hohepriester auf und fragte Jesus: Antwortest du nichts auf das, was diese zwei gegen dich aussagen? Aber Jesus schwieg. Da sprach der Hohepriester: Ich stelle dich unter Eid bei dem lebendigen Gott, daß du uns sagst, ob du der Christus bist, der Sohn Gottes. Jesus antwortete: Du sagst es ... Da zerriß der Hohepriester seine Kleider und sprach: Er hat Gott gelästert. Was bedürfen wir weiterer Zeugen? Was ist euer Urteil? Sie sprachen: Er ist des Todes schuldig. Da spien sie ihn ins Angesicht und schlugen ihn mit Fäusten. Einige aber schlugen ihn ins Gesicht und sprachen: Du bist doch ein Prophet! Sage uns, wer war es, der dich eben schlug?« (Matthäus 26,57-68)

Die Szene wirkt auf uns, als habe es sich um einen

Prozeß vor einem Gericht gehandelt. Wir müssen aber bedenken, daß unsere Berichterstatter, die Evangelisten, vermutlich nur eine ungenaue Kenntnis des jüdischen Prozeßrechts besaßen. Matthäus etwa spricht davon, der »ganze Hohe Rat« sei versammelt gewesen. Das hätte bedeutet, daß Pharisäer, Sadduzäer und die Ältesten zu einer regulären Sitzung einberufen worden wären und ein legaler Prozeß stattgefunden hätte. Dem widerspricht aber die sehr sorgfältige Prozeßordnung jener Zeit unter den Juden. Sie bestimmte, daß an einem Fest kein Urteil gesprochen werden durfte. Sie bestimmte, daß kein Verfahren zur Nachtzeit durchgeführt werden durfte, außer dann, wenn es schon bei Tag begonnen hatte. Sie bestimmte ferner, daß in einem Hauptverfahren nach Einbruch der Dunkelheit kein Urteil mehr gefällt werden durfte. Ferner ist es nach dem jüdischen Prozeßrecht undenkbar, daß ein Angeklagter aufgrund eines Geständnisses zum Tod verurteilt wurde. Das konnte nur aufgrund von Indizien oder Beweisen geschehen. Ein Geständnis des Angeklagten hatte Gültigkeit nur in einem Zivilverfahren, nie aber in einem Strafprozeß.

Bedenken wir all dies, dann muß sich uns das Bild der nächtlichen Verhandlung gegen Jesus durch Kaiphas ändern. Es hat dann eine legale Sitzung des »Hohen Rates«, des »Synedriums«, nicht stattgefunden. Aber was dann? Die Art, wie Jesus verhaftet wurde, gibt einen Hinweis. Ein Angeklagter, der aufgrund einer Entscheidung des Synedriums verhaftet werden sollte, konnte nur festgenommen werden aufgrund eines Haftbefehls. Dann war keine Heimlichkeit nötig. Dann konnte er bei Tage, wo immer er ging und stand, abgeführt werden. Wenn aber Jesus fragt: »Warum so heimlich? Warum habt ihr mich nicht bei Tag im Tempel festgenommen?«, dann deutet er damit nicht nur die Heimlichkeit der Festnahme an, sondern auch ihre Unrechtmäßigkeit. Dann erwartet er nicht, daß er einem regulären Prozeß entgegengeht. Die nächtliche Festnahme im Garten zeigt vielmehr, daß das Synedrium die Festnahme nicht angeordnet hatte. So auch brachten die Soldaten Jesus nicht zum eigentlich vorgesehenen Sitzungssaal im Tempelbereich, sondern in den Privatpalast des Hohenpriesters Kaiphas. Noch detaillierter berichtet Johannes (Johannes 18,12-27), man habe Jesus zuerst zum Schwiegervater des Kaiphas, dem früheren Hohenpriester Hannas gebracht, danach erst zu Kaiphas.

So ergibt sich das Bild, daß ein Prozeß vor dem Synedrium gerade umgangen werden sollte. Man wollte Jesus vor dem Höhepunkt des Festes, dem Sabbat, aus dem Wege räumen und ihn so schnell und so unauffällig wie möglich an die Römer ausliefern. Dort hatte die Klage der Juden gegen Jesus aber nur Sinn, wenn er der politischen Agitation bezichtigt werden konnte. Nach jüdischem Recht war eine solche Überstellung möglich. Sie bedurfte keines Urteils des Hohen Rats, sie war vielmehr dem Hohenpriester allein gestattet. Es ergibt sich das Bild, daß die pharisäische Partei an der nächtlichen

Verhandlung nicht beteiligt war, daß vielmehr die Partei der Sadduzäer, also der am Tempel konzentrierten priesterlichen und politischen Macht, allein handelte.

In all den Verhören, die dann folgten, habe Jesus, so wird berichtet, fast immer geschwiegen, offenbar auch, um auszudrücken, daß er dieses Gericht nicht als rechtmäßig anerkannte; aber auch, um damit anzudeuten, daß es zwischen den versammelten Richtern und ihm keine Sprache gab. Wie auch sollte er dem Haß, der ihm entgegenschlug, antworten? Auf die Zeugenaussage, er habe gesagt, er könne den Tempel niederreißen und in drei Tagen einen neuen bauen, bemühte er sich nicht, das Mißverständnis aufzuklären. Als der Hohepriester die Hauptfrage stellte, ob er der Messias sei, antwortete er mit einer Korrektur: nicht der Messias, den du dir vorstellst, sondern der »Menschensohn«. Damit hob er seinen Auftrag und seine Absicht aus dem politischen Zusammenhang hinaus in einen endzeitlichen: in den Zusammenhang mit dem kommenden Gottesreich. Denn so wurde in jener Zeit die Stelle Daniel 7,13-14 ausgelegt, die von dem »Menschensohn« spricht, dem Gott die Macht über alle irdische Macht hinaus verliehen habe. Als Herodes ihn ausfragen wollte, erwiderte er kein Wort. Als Pilatus ihn fragte, ob er zur Verweigerung der Steuer aufgerufen habe, schwieg Jesus, obwohl er auch dies leicht hätte klären können, und Pilatus wunderte sich, daß er keinen Versuch machte, seine Unschuld zu beweisen.

Im Grunde wußte Jesus, daß sein Schicksal von Gott so bestimmt war und nicht von den Menschen. Er wußte sich eingefügt in den Willen Gottes. So stand er einfach vor seinen Richtern, und es ist für uns nichts so wichtig in diesen Szenen wie dieses Stehen in seiner Klarheit und Unbeugsamkeit.

Was hätte Jesus während seiner Wirksamkeit anders machen können, um diesem Haß zu entgehen? Er hätte zwei Möglichkeiten gehabt. Entweder hätte er für die Armen und Wehrlosen seiner Zeit reden können ohne Anspruch auf eine besondere Vollmacht von Gott. Dann wäre ihm nichts zugestoßen. Das haben viele getan. Oder er hätte eine Vollmacht von Gott in Anspruch nehmen können, ohne an der Gültigkeit der sozialen und politischen Ordnungen und Gesetzte zu rühren. Auch das haben viele getan. Er jedoch verband beides und stellte sich damit zwischen alle Stühle. Seitdem wird die Frage an die Christen immer wieder die sein, ob sie das mystische Geheimnis des Christus zusammenzusehen vermögen mit seinen Reden zu den sozialen und politischen Fragen ihrer Zeit.

Wenige Monate nach dem Prozeß gegen Jesus wird der Diakon Stephanus vor denselben Priestern stehen und ausrufen: »Ich sehe Christus stehen zur Rechten Gottes!« Er bekennt damit das Wissen, das die frühe Kirche zu ihren Blutopfern fähig machte: So werden wir alle einmal stehen, die hier niedergetreten, hier zusammengeschlagen wurden, gerettet, unbedroht, frei. Und die Priester ließen Stephanus steinigen. Darin liegt mehr als nur der aufrechte Gang, den wir Menschen nach Bert Brecht lernen sollten. Denn wir sehen dabei nicht auf uns selbst und unsere Haltung, sondern auf Jesus Christus. Wir sehen nicht unsere Situation vor unseren kleinen Richtern, sondern den, der uns unser Schicksal zumißt. So beginnen wir wie er zu stehen und gewinnen dabei vielleicht auch von der Freiheit, in der er vor seinen Richtern stand. Wir gewinnen Kräfte, die nicht aus uns selbst sind, und können sie uns gleichsam einverleiben. Wir können dabei verstehen, daß wir mit allen, die auf die Müllhalden des menschlichen Rechts geworfen wurden, vor Gott stehen werden, eingefaßt in seine Liebe. So wird unser Stehvermögen schon einen Vorblick eröffnen auf das, was am Ende Auferstehung sein wird.

Während ich dies schreibe, kommt mir ein Dokument in die Hand, das in diesen Zusammenhang gehört, obwohl es nicht – oder wahrscheinlich nicht – von einem Christen spricht. Es ist ein Gutachten, das vor etwa zehn Jahren eine Ärztin in einem Moskauer Gerichtssaal über einen Angeklagten abgab:

Gutachten

Der Angeklagte betrachtet seinen Kampf (gegen das sozialistische System) als völlig gerechtfertigt und den Weg, den er eingeschlagen hat, als den einzig richtigen. Versucht man, ihn davon abzubringen, wird er böse und heftig und erklärt, daß sein ganzes Leben darauf beruhe. Er habe die Möglichkeit, verhaftet zu werden, vorausgesehen, das habe ihn jedoch nie gehemmt, denn er könne seine Überzeugung nicht aufgeben. Er hält sich für geistig gesund.

Er erklärt ausdrücklich, daß er sich nicht zu den hervorragenden Menschen rechne und nicht glaube, daß seine Tätigkeit von historischer Bedeutung sei: Er handle nach seinem Gewissen und hoffe, er werde in seinem Kampf nicht alleine bleiben.

Seine dem Dossier beigelegten Briefe lassen erkennen, daß er seine Tätigkeit und seinen eigenen Wert sowie die geforderten Reformen, von deren Richtigkeit er völlig überzeugt ist, offenbar überschätzt.

Außerdem kann man bei ihm eine ausgeprägte Neigung zum Verfassen langer Briefe feststellen, in denen sein scharfer, kritischer Geist, die Aufrechterhaltung seiner früher erworbenen Kenntnisse und auch seine Fähigkeit zu Darstellung von Fakten in formell logischer Form auffallen. Der Patient ist bemüht, sich ruhig zu verhalten, er ist höflich, diskutiert mit seinen Nachbarn, liest literarische Werke. Während der Gespräche mit den Ärzten verhielt er sich höflich und korrekt.

Wir kommen zu folgendem Ergebnis: Der Angeklagte leidet an einer Geisteskrankheit, einer pathologischen, paranoiden Persönlichkeitsbildung, betont durch das Bestehen auf durch seine psychopathischen Charakterzüge geprägten Reformideen und das Auftreten von arteriosklerotischen Erscheinungen der Gehirngefäße.

Der psychotische Zustand drückt sich in reformeri-
schen Plänen aus, die ganz offensichtlich durch Af-
fektverstärkungen bei seinen Beziehungen zu seinen
Mitmenschen und die Verfolgung, für deren Opfer er
sich hält, gekennzeichnet sind.

Seine Reformideen verstärken sich, und sie sind es,
die das Verhalten des Patienten lenken; sein Festhal-
ten an diesen Ideen wird immer wieder durch äußere
Umstände verstärkt. Der oben erwähnte krankhafte
Zustand schließt die Möglichkeit aus, daß er sich über
seine Handlungen Rechenschaft gibt und ihrer Herr
wird.

Der Geisteszustand erfordert seine Zwangsbehand-
lung in einer psychiatrischen Sonderklinik, da die
oben erwähnten paranoiden Reformideen stabilen
Charakter tragen und dem Verhalten des Patienten
zugrunde liegen.

Die Geschichte des Rechts ist eine Geschichte
auch des Unrechts, des halben oder angenäherten
Rechts, und eine Geschichte unendlicher menschlicher Leiden. Es wäre viel gewonnen, wenn die Leidensgeschichte des Jesus von Nazareth uns dazu befähigen könnte, mehr und entschiedener dort zu stehen, wo die Gerechtigkeit in unserem Land und auf
dieser Erde am meisten vermißt wird. Aber die
Christenheit hat den Widerstand gegen das Unrecht
nie wirklich eingeübt. Albert Camus schrieb 1948:
»Es kann sein und ist sogar wahrscheinlich, daß das
Christentum in seinen Kompromissen verharrt. Es
kann sein, daß es sich darauf festlegt, sich endgültig

die Tugenden der Auflehnung und der Empörung entreißen zu lassen, die ihm vor langer Zeit eigen waren. Dann werden die Christen am Leben bleiben, und das Christentum wird sterben.«

Wie ist es denn? Bringen wir nicht unser halbes Leben damit zu, uns selbst und anderen gegenüber darauf zu bestehen, daß wir recht haben? Wir fragen also nicht nach unserem Weg, sondern nach unserem Recht. Wir wollen unser Recht, darum werden wir an der Wahrheit schuldig. Wir streiten um unser Recht, und unsere Waffe ist die Unwahrheit oder das, was wir für die Wahrheit ausgeben. Weil wir unser Recht suchen, wird die Wahrheit unscharf vor unseren Augen. Wir sind krank von der Mühe, auf unser Recht zu pochen, und werden nicht gesunden, ehe unser eigenes Unrecht uns überwunden hat und die Wahrheit sichtbar geworden ist.

Als Jesus vor Kaiphas stand, saß Petrus im Hof, der an die Halle angrenzte und wärmte sich am Feuer. »Da trat eine Magd zu ihm und sprach: Du warst auch mit dem Jesus aus Galiläa. Er leugnete aber vor allen und sagte: Ich weiß nicht, was du meinst. Als er aber hinausging in die Torhalle, sah ihn eine andere und sagte zu den Umstehenden: Der hat auch zu dem Jesus aus Nazareth gehört. Und er leugnete wieder und schwor dazu: Ich kenne den Menschen nicht. Nach einer kleinen Weile sagten einige zu ihm: Tatsächlich, du bist einer von denen, deine Sprache verrät dich. Da fing er an zu fluchen:

Verdammt! Ich kenne den Menschen nicht. Da krähte der Hahn. Da dachte Petrus daran, daß Jesus zu ihm gesagt hatte: Ehe der Hahn kräht, wirst du mich dreimal verleugnen. Und er ging hinaus und weinte bitterlich.« (Matthäus 26,69-75)

Wo ist unser Platz in der Erzählung? Es könnte nach dem, was wir bedacht haben, so scheinen, als sei unser Platz der des Jesus von Nazareth, der vor Kaiphas steht und dessen Unrecht erleidet. Aber unser Platz ist anderswo. Ich finde es sehr bemerkenswert, daß Petrus, der auch Kephas heißt, denselben Namen trägt wie Kaiphas. Beides ist das hebräische Wort für »Fels«. Vielleicht rückt Petrus für uns damit noch ein wenig tiefer in das Umfeld der Richter, der Mägde und Soldaten, die den Rahmen der Szene bilden. Unser Platz aber ist draußen beim Feuer, bei Petrus, bei den Menschen, die ihn zur Rede stellen, auch bei der Magd und den übrigen. Es ist freilich nicht schwierig zu sagen: Natürlich, wir alle verleugnen, was wir wissen oder glauben, so gut wie täglich. Weil das aber uns allen gemeinsam ist, ist es schon fast entschuldigt. Es geht nicht um unseren Vergleich mit anderen, es geht darum, ob wir im Licht oder in der Finsternis sind.

Durch das ganze Evangelium geht der Gegensatz zwischen Licht und Finsternis. »Ich bin das Licht der Welt«, sagt Jesus. Oder: »Wer mir nachfolgt, wird nicht in der Finsternis sein.« Ein jüdisches Morgengebet sagt: »Gelobt seist du, Herr, unser Gott, König der Welt, daß du dem Hahn die Fähigkeit verliehen hast, zu unterscheiden zwischen

Nacht und Tag.« Als der Hahn kräht, trifft den Jünger eben diese Botschaft: Ist dir das »Licht der Welt«, Christus, nie aufgegangen? Ist es immer noch nicht Tag in dir? Der Hahnenschrei reißt ihn aus seiner Verstecktheit und zeigt die Stunde an, in der es Tag wird – ohne ihn, in der es Tag wird und er sich selbst erkennt. Und Petrus geht hinaus und weint.

Der Verräter Judas und der Verleugner Petrus stehen nicht weit voneinander. Nur ihr ferneres Schicksal unterscheidet sich wie Tod und Leben. Wir fragen uns: Warum sind die Wege der Menschen so verschieden angelegt, zum Verderben oder zum Heil? Warum gab es für Petrus noch einen neuen Anfang, als Judas bereits am Baum hing?

Es gibt dazu keine Erklärungen. Auch Jesus hat nichts erklärt. Er sagt nur: »Geht euren Weg im Licht, damit euch die Finsternis nicht überfällt.« Und er gibt uns das Vertrauen, daß das Licht Gottes ausreichen wird, auch uns in den Tag zu führen. Immerhin kommen im Normalfall nach der Verleugnung die Entschuldigungen. Wir erkennen aber den Menschen, der einmal das Licht gesehen hat, an seiner Begabung, zu sagen: Ich habe meinen Weg verfehlt. Nicht nur den Weg, sondern auch die Wahrheit. Und nicht nur die Wahrheit, sondern auch das Leben.

Nein, Petrus verleugnete nicht anders, als wir alle es tun. Aber wie ist das? Muß nicht, wer einen Schatten wirft, auf irgendeine Weise im Licht stehen?

Die Passionsgeschichte fährt fort: »Und die ganze Versammlung stand auf, und sie führten ihn vor Pilatus. Und sie klagten ihn an: Dieser hetzt unser Volk auf und verbietet, dem Kaiser Steuern zu zahlen. Er sagt, er sei Christus, ein König. Pilatus aber fragte ihn: Bist du der König der Juden? Er antwortete: Das sagst du! Pilatus antwortete den Priestern und dem Volk: Ich finde keine Schuld an diesem Menschen. Sie aber wurden noch ungestümer und riefen: Er hetzt das Volk damit auf, hier in Judäa und von Galiläa an bis hier.« (Lukas 23,1-5)

Wer war Pilatus? Immerhin ist ihm die Ehre zuteil geworden, allsonntäglich in Hunderttausenden von Kirchen genannt zu werden. Aber wer war er? Historisch wissen wir wenig von ihm. Die römischen Historiker erwähnen ihn kaum und wenn, dann nur als ein kleines Licht. Was wir von ihm wissen aus den jüdischen Berichten, waren ständige Schwierigkeiten mit der Priesterschaft der Juden, waren Todesurteile ohne Verfahren und ohne auch nur den Anschein des Rechts und eine lange Folge von Mißgriffen gegenüber dem empfindlichen religiösen Bewußtsein der Menschen. Darüberhinaus ist er uns praktisch unbekannt.

Wo residierte der Befehlshaber der römischen Besatzungsmacht in Jerusalem? Es gibt zwei Möglichkeiten, zwischen denen sich zu entscheiden schwer fällt. Diese Frage ist jedoch nur wichtig, wenn wir an die »via dolorosa« denken, den Weg von der Stelle, an der Pilatus Jesus den Henkern übergab, zur Hinrichtungsstätte Golgatha vor den Mauern der Stadt; und wenn wir also heute seinen Kreuzweg nachgehen wollen. Die traditionelle Antwort lautet: Pilatus hielt sich, wenn er in Jerusalem weilte, in der Burg Antonia auf. Diese Festung wurde von den Römern an den Rand des Tempelplatzes gebaut, weil sie aus der nächsten Nähe überwachen wollten, was sich in und am Tempel abspielte. Pilatus legte gewiß Wert darauf, über die unruhigen Tage des Festes und über das Geschehen am eigentlichen Krisenpunkt, dem Tempel, im Bilde zu sein. Dann verlief die »via dolorosa« so, wie sie heute noch begangen wird.

Es gibt aber auch eine andere Antwort: Pilatus residierte normalerweise, wenn er in Jerusalem war, im Palast des früheren Königs Herodes, und der stand oben in der Nähe des heutigen Jaffators. Er war mit einer fünfzehn Meter hohen Mauer und vielen Türmen umgeben, und zu seiner Sicherung diente auch die Zitadelle mit ihren drei mächtigen Türmen. Pilatus, als Amtsnachfolger der Könige von Juda, hatte hier wohl seinen repräsentativen Sitz. Daß er dort sich mit der Sache Jesu befaßt habe, dafür spricht, daß einer seiner Nachfolger vor dem Palast ein Podium bauen ließ, auf dem er zu Gericht saß, an der Stelle, die im Neuen Testament Gabbata heißt, »Steinpflaster«, und an der vermutlich auch der Richterstuhl des Pilatus stand (Johannes 19,13). Dann war die »via dolorosa« sehr kurz und führte durch ein nahes Tor direkt zur Hinrichtungsstätte. Ich halte diese zweite Möglichkeit für wahrscheinlicher.

In denselben Tagen wurden noch drei andere Männer festgenommen. Auch ihr Schicksal sollte entschieden werden. Ähnlich Jesus waren auch sie des Aufstandes gegen die Römer und des Terrorismus angeklagt. Zwei von ihnen wurden gleichzeitig mit Jesus gekreuzigt, einer zu seiner Rechten und einer zu seiner Linken. Der dritte hieß Barabbas, der offenbar der Anführer einer größeren Gruppe von Aufständischen gewesen war. Unter diesen Vieren sollte, das war eines der Privilegien der jüdischen, halbautonomen Regierung, am Passafest einer begnadigt werden. Als nun Pilatus den in seinen Augen ungefährlichen Jesus zur Freigabe vorschlug, drängten die Ankläger auf Barabbas, an dem Pilatus besonders interessiert war. Es läßt sich denken, daß er seinen Zorn anschließend Jesus spüren ließ.

War der ganze Vorgang überhaupt ein Prozeß? Auch in der römischen Strafprozeßordnung ging es differenzierter zu, als der »Prozeß gegen Jesus« geschildert wird. Es war, so scheint mir, ganz einfach eine Hinrichtung, wie sie Kolonialmächte immer und überall in der Weltgeschichte vollzogen haben. Die Tafel, die Pilatus am Kreuz anbringen ließ, »Jesus von Nazareth, König der Juden«, diente weniger dazu, anzuzeigen, weshalb Jesus gekreuzigt wurde, als vielmehr dazu, die Messiashoffnung der Juden und vor allem der Priesterschaft, in der Pilatus seine Feinde sah, zu verhöhnen.

Ein Zwischenakt: »Als Pilatus hörte, Jesus komme aus Galiläa und sei also ein Untertan des dortigen Königs Herodes, der in jenen Tagen zum Fest in Jerusalem weilte, ließ er Jesus zu ihm überstellen«, vermutlich, weil er hoffte, ihn damit los zu sein. »Als aber Herodes Jesus sah, freute er sich sehr. Er hatte von ihm gehört und hoffte, ein Wunder von ihm zu sehen. Und er fragte ihn viel, aber Jesus gab ihm keine Antwort. Die Hohenpriester und die Schriftgelehrten standen dabei mit schweren Anklagen. Aber Herodes mit seinen Soldaten verachtete und verspottete ihn. Er ließ ihm ein weißes Gewand anlegen und sandte ihn so zu Pilatus zurück. An dem Tag wurden Herodes und Pilatus Freunde, bis dahin waren sie Feinde gewesen.« (Lukas 23,8-12)

Die Neugier des Herodes ist begreiflich. Als Jesus noch in Galiläa wirkte, hatte Herodes versucht, ihn in seine Gewalt zu bringen. Er hatte kurz zuvor Johannes den Täufer enthaupten lassen, sah dann in Jesus den wiedererstandenen Johannes und fürchtete ihn. »Herodes will dich töten«, hatte man Jesus damals gewarnt (Lukas 13,31). Auch Herodes gegenüber schweigt Jesus. So erlaubt sich der König von Galiläa einen Spaß. Er durfte ja in Jerusalem kein Todesurteil sprechen und vollziehen lassen. Deshalb schickt er ihn in einem weißen Gewand zu Pilatus zurück, sozusagen als Bewerber um das Amt eines Königs von Israel. Denn das weiße Gewand trug ein Römer, der sich um ein öffentliches Amt bewarb. »Candidus« (lateinisch), »weiß«, steht darum in direktem Zusammenhang mit unserem Wort »Kandidat«. Und Pilatus amüsiert sich über den

Einfall des Provinzfürsten aus dem nördlichen Landesteil.

Jesus wurde, wie man errechnet hat, am 7. April des Jahres 30 nach dem geltenden Besatzungsrecht hingerichtet, nicht durch einen Justizirrtum, sondern durch einen legalen Gewaltakt, wie er Hunderttausende damals und seither vom Leben zum Tode gebracht hat, wenn sie nicht so wollten wie die, denen die Macht gegeben war.

Also gab es doch ein »geltendes Recht«? Gewiß. Aber eben dies bedeutet etwas Wichtiges. Nämlich, daß die Christen von Anfang ihrer Geschichte an dem jeweils geltenden Recht kritisch gegenüberstanden. Sie wußten immer oder konnten es wissen, was alles an Unrecht, an Quälerei, an Menschenfeindlichkeit durch das korrekte, geltende Recht gedeckt werden kann. Wo nichts gilt als die pure Rechtsordnung, da geht das Leben der Menschen vor die Hunde. Da ist zwar das Eigentum geschützt, da werden die Diebe bestraft, da sperrt man die Bankräuber ein, wenn man sie findet. Aber wenn nur das Recht gilt, kann man Frauen noch lange nach allen Regeln der Kunst unterdrücken, die Alten entmündigen und die Behinderten vom Leben ausschließen. Man kann sogar Krieg führen. Das Recht hat nichts dagegen.

Wo nur das Recht gilt, dürfen Häuser leerstehen, während Tausende und aber Tausende eine Wohnung suchen. Da darf man mit Grund und Boden schachern und spekulieren, auch wenn am Ende eine menschenfeindliche Stadt dabei herauskommt. Da werden die Straßen rechtwinklig und die Häuser zu Luxusgegenständen, da verkümmern die Menschen auf dem Beton, und die Stadt wird Zug um Zug im Einklang mit dem geltenden Recht unbewohnbar, jedenfalls dort, wo, wie in unserem Land, nichts so heilig ist wie das Eigentum. Als ich vor Jahren im unruhigen Berlin-Kreuzberg öffentlich in einem dafür angesetzten Forum nach der Rechtmäßigkeit eines Polizeieinsatzes fragte, bei dem ein junger Mann ums Leben kam, und, was damals durch die Polizei geschah, mit den Vorschriften verglich, die für die Polizei in unserem Land gelten, warf mir der damalige Regierende Bürgermeister von Berlin öffentlich vor, ich stellte mich über das Recht, obwohl mir später das Berliner Verwaltungsgericht meine Einwände bestätigte. Dabei hatte ich noch nicht einmal am Recht Kritik geübt, sondern nur seine Geltung eingefordert.

Wer nach dem Recht fragt und ob es durch die Instanzen wirklich geschützt sei, die dafür eingesetzt sind, muß sich nicht wundern, wenn er als Störer des Rechtsfriedens behandelt wird. Jesus Christus jedenfalls, den sie vor 1963 Jahren hingerichtet haben, hat sein kurzes Leben damit zugebracht, sich mit denen zusammenzutun, die unter irgendeinem Gesetz zu leiden hatten. Es ist kein Zufall, daß man ihn am Ende rechtmäßig zum Tod verurteilt hat. Er trat immerhin für eine Gerechtigkeit ein, die mit dem geltenden Recht nicht zu gewinnen war. Wenn

Christen heute öffentlich handeln, muß davon etwas spürbar sein: von Hingabe an das, was Menschen brauchen und was ihnen nicht gewährt wird; von Stellvertretung für die, die dem geltenden Recht ausgeliefert sind; vom Bestehen auch auf der Einhaltung des Rechts durch die Rechtsinstanz. Ruhe und Ordnung um ihrer selbst willen zu hüten, kann nicht die besondere Aufgabe der Christen sein. Dazu braucht man sie nicht. Das können die anderen auch ohne sie.

Gleichwohl ist auch das Gegenteil zu sagen: Es gibt unter Christen auch eine Art Rechtsfremdheit, die meint, an die Stelle der Rechtsordnung habe eine Art brüderlicher Liebesgemeinschaft zu treten. An die Stelle des Rechts tritt dann leicht die Praxis, den anderen knapp außerhalb der Legalität unter christlichen Vorwänden zu verdächtigen oder zu überfahren. Das Recht wird dann leicht mit seinem Mißbrauch verwechselt. Aber das ist nicht das Ganze. Das Recht ist auch eine große und durch nichts anderes ersetzbare Chance für ein menschenwürdiges Zusammenleben. Menschliches Recht hat auch mit Barmherzigkeit zu tun und mit Hilfe für die Schwachen. An seiner Grenze hebt das Recht sich selbst auf, wenn es dem obersten Rechtshüter eines Staates die Vollmacht zur Begnadigung des Rechtsbrechers anvertraut.

Das beharrliche Mühen und eine ständige menschennahe Verbesserung des Rechts ist auch eine christliche Aufgabe, die dann so lauten kann: »Wer wenig im Leben hat, soll viel im Recht haben.« Der ständige Mißbrauch des Rechts rund um die Welt durch seine korrekte Wahrung wird die Christenheit immer an jenen Richter erinnern, der nicht umsonst im Glaubensbekenntnis stets gegenwärtig ist, und sie ermutigen, unerschrocken und sensibel dem komplizierten Menschenleben ein Recht nachzubilden, das den Menschen dient. Jeder kann wissen, daß der Ausgang eines Rechtsstreits oft genug von den vorliegenden oder den fehlenden Beweisen oder vom falschen oder irreführenden Zeugnis der Beteiligten abhängt. Und was soll »Sühnen« letztlich leisten? Es hat schon seinen Sinn, wenn viele erfahrene Richter heute ein tiefes Verständnis haben für die Frage: Was ist Recht? Gerade der beste Richter wird, so redlich er prüft und abwägt, nicht behaupten wollen, sein Urteil schaffe Gerechtigkeit.

Als Pilatus Jesus vor sich stehen sah, fragte er ihn nach dem Sinn seines Anspruchs, ein König zu sein. Da antwortete Jesus: »Ja. Ich bin ein König. Ich bin dazu geboren und in die Welt gekommen, für die Wahrheit zu zeugen. Wer aus der Wahrheit ist, hört meine Stimme. Da fragte Pilatus: Was ist Wahrheit? Und als er das gesagt hatte, ging er hinaus zu den Anklägern und sagte zu ihnen: Ich finde keine Schuld an ihm« (Johannes 18,37-38). Man mag in der Frage des Pilatus eine verächtliche Abwehr gegen den Anspruch, den Jesus erhebt, sehen, etwa in dem Sinn: Was soll das Geschwätz? Man mag aber auch die Frage eines erfahrenen Machtmenschen darin sehen, der oft und oft erfahren hat, daß, was sich als Wahrheit ausgab, etwas ganz anderes war als die Wahrheit. Und man mag heute nach Jahrhunderten der Bemühung großer Denker, die alle nach Wahrheit gestrebt haben, die immer und immer wieder überzeugt waren, sie gefunden zu haben, und die immer neu sich von vorn auf den langen Weg machen mußten, sie zu finden, die Frage des Pilatus an die ganze Kulturtradition der Menschheit richten: Was ist denn von alledem, was sich als Wahrheit ausgibt, wirklich Wahrheit?

Es geht der Wahrheit nicht gut in dieser Welt. Einer deckt sie auf. Zehn andere decken sie wieder zu. In dem Palast etwa des Richters und Machthabers Pilatus wird die Wahrheit beansprucht. Derselbe Palast ist ein Monument der Gewalt, das sie verdeckt. Der Statthalter weiß als Römer der Zeit des Kaisers Augustus – und das Römische Reich war für antike Verhältnisse durchaus ein Rechtsstaat –, daß das Recht auf der Seite der Wahrheit zu sein hat und die Unwahrheit das Recht herausfordert. Über diese Anforderung hinaus aber muß es ihn irritieren, daß hier einer die Wahrheit so bezeugt, daß er sein Recht nicht wahrnimmt. Daß einer sich nicht wehrt, nicht verteidigt, das ist ihm eine fremde Welt. Wie soll er dabei begreifen, was ihm zu schützen aufgetragen ist? Und wie soll er begreifen, wie sehr ein Mensch im Übergang zu Gottes Reich leben muß, um die Wahrheit zu verstehen? Denn wir schauen die Wahrheit vermutlich nicht bis zu unserem letzten Tag. Ich hörte einmal einen sagen: Ein Fisch sieht das Meer erst glänzen, wenn er sterbend am Strand liegt.

Die Leidensgeschichte des Jesus von Nazareth ist ein unüberhörbarer Aufruf an uns, wach zu sein, wenn die Ordner und Richter dieser Welt an der Arbeit sind, und mißtrauisch gegen die Macht, von der sie behaupten, sie müsse um unseretwillen erworben und gesichert werden. Denn das Recht ist eine Gewalt, die der Gewalt das Recht streitig macht. An dieser Stelle genau, zwischen Recht und Gewalt, findet die Leidensgeschichte statt, nicht nur die des Jesus, sondern auch die so vieler Menschen.

Eine sehr sprechende Geste beschließt die Szene vor Pilatus: »Pilatus sprach zu denen, die ihn anklagten: Was soll ich mit dem Jesus, von dem ihr sagt, er sei der Christus, tun? Sie antworteten: Laß ihn kreuzigen. Er fragte weiter: Was hat er denn Böses getan? Sie schrien aber noch mehr: Laß ihn kreuzigen! Als aber Pilatus sah, daß er nichts ausrichtete, nahm er ein Becken mit Wasser, wusch sich die Hände und sprach: Ich bin unschuldig an seinem Tod. Seht ihr selbst zu!« (Matthäus 27,22-24)

Das Händewaschen des Pilatus ist in der Geschichte seitdem zu einem dunklen Symbol geworden für das, was Menschen angesichts offenbaren Versagens oder offenbarer Schuld zu tun pflegen. Ich bin unschuldig. Du bist schuldig. Er ist schuldig. Sie sind schuldig. So konjugiert sich, wie wir alle die Anerkenntnis unserer Schuld verweigern. Wir lieben die Wahrheit. Wir wollen sie sehen. Wenn wir sie aber sehen, schließen wir die Augen.

Der Afrikaner David Diop hat unter der Überschrift *Pilatus heute* seine Passionsgeschichte in die Verse gefaßt:

»Der Weiße hat meinen Vater getötet:
mein Vater war edel.
Der Weiße hat meine Mutter geschändet:
meine Mutter war schön.
Der Weiße hat meinen Bruder
auf sonnigen Straßen zusammenbrechen lassen:
mein Bruder war stark.
Der Weiße hat sich dann gegen mich gewendet
mit seinen roten Händen voll schwarzem Blut
und mit seiner Herrenstimme:
›He, Boy, ein Handtuch und Wasser!‹«

Wer Jesus einmal wirklich begegnet ist, der weiß, daß hier uns Menschen Wahrheit angeboten ist: Gerechtigkeit, Frieden, Hoffnung. Und er weiß, daß wir selbst diejenigen sind, die die Stimme der Wahrheit zum Schweigen bringen, sobald sie wirklich uns betrifft. Und er weiß, daß er sich nicht mit Jesus identifizieren soll, der vor Pilatus steht, sondern mit Pilatus selbst. Er kommt dabei der Wahrheit um ein entscheidendes Stück näher.

Wenn wir die Wahrheit schauen wollen, werden wir nicht nach außen, sondern nach innen hören, um die Stimme des Mannes aus Nazareth zu vernehmen. Und wir müssen nach innen schauen, um seine Gestalt wahrzunehmen, die uns auffordert, ihr auf unserem Weg nachzufolgen.

Selig sind, die hungern und dürsten
nach Gerechtigkeit.
Sie sollen satt werden.

Wenn du, Jesus, das »heilige Volk« sahst,
dann war es zerrissen
in Gerechte und Ungerechte,
in Gesegnete und Verfluchte.
Aber du wolltest ein geschwisterliches Volk,
in dem alle
Töchter und Söhne Gottes heißen sollten.
Darum sagtest du:
Selig, der hungert nach Gerechtigkeit für alle
nach dem Ende von Haß und Verdammung.

Nicht den preist du selig,
der von der bösen Welt fordert,
sie solle ihm Gerechtigkeit schaffen,
sondern den, der wach ist
für das Unrecht, das dem anderen geschieht.

Selig sind, die Gerechtigkeit suchen dort,
wo sie entsteht:
Wo einer die Schuld der Vielen trägt,
damit sie in Gerechtigkeit leben.

Gott wird ihre Augen schärfen,
daß sie mehr Unrecht wahrnehmen,
das Unrecht an den Zertretenen und Verstreuten,
den Hungernden und den Flüchtigen,
sie können der Gerechtigkeit auf dieser Erde

zu Stand und Wesen helfen.
Sie empfangen Gerechtigkeit
und werden sie verfechten.
Sie glauben an Gottes Gerechtigkeit
und werden ihr Werkzeug sein.

Wir wollen hungern und dürsten,
damit Gerechtigkeit
unter unseren Händen entsteht
und viele satt werden
mit uns und durch uns
und das Leben finden.

V

Gehen unter der Last

Zweimal, so wird erzählt, wird Jesus in der Nacht vor seiner Hinrichtung das Opfer eines Spottes: des Spottes der Juden und der Römer.

Als Jesus vor Kaiphas steht, wird er verspottet, weil er beanspruchte, ein Prophet zu sein: »Und die Männer, die ihn festhielten, verspotteten und schlugen ihn. Sie verdeckten ihm die Augen und lärmten: Sprich deinen Prophetenspruch! Wer war das, der dich eben schlug?« (Lukas 22,63 f.)

Als Jesus in der Gewalt des Pilatus war, wird er verhöhnt, weil er beanspruchte, ein König zu sein: »Die Soldaten führten ihn in die Burg und riefen die ganze Truppe zusammen. Sie legten ihm einen roten Mantel um, flochten eine Krone aus Dornen, setzten sie ihm auf und grüßten ihn: Heil dir, du Judenkönig! Sie schlugen ihn mit einem Rohr aufs Haupt, spien ihn an, fielen auf die Knie und huldigten ihm.« (Markus 15,16-19)

»Du Prophet!«, schallt es durch die Halle des Kaiphas. Und ein Faustschlag durch das Tuch. Und Gelächter. »Du Prophet, weissage, wer das eben war!« »Du König!«, so lärmen die römischen Soldaten. Eine Krone aufs Haupt und ein Schlag mit dem Szepter obendrauf. Und Gelächter. »Du König!«

Die Verspottung lief nach einem Muster ab, das Jesus selbst schon lange vorher beschrieben hatte und das wohl immer wieder ablaufen wird: »Er wird an die Römer ausgeliefert, verspottet, beschimpft, angespuckt, gegeißelt und getötet werden« (Lukas 18,32). Es ist das Muster, nach dem die Menschen damals wie heute sich eines verhaßten Mitmenschen zu entledigen pflegen.

Er wird zunächst seiner Freiheit beraubt. Man »liefert ihn den Römern aus«. Dann beginnt man mit dem harmlosen Spott, durch den man den Respekt, der aufkommen könnte, verhindert. Der Betroffene wird klein gemacht. Danach beschimpft man ihn. Man sagt: Dieser Betrüger! Dieser Verbrecher! Dieser Volksschädling, wie man im Dritten Reich sagte. Oder: Dieser Klassenfeind! Dieser Ungläubige! Man vereinfacht. Man findet einen Grund für alles Weitere. Er hat es verdient, was immer wir mit ihm tun werden. Kreuzigt ihn! Dann wird er angespuckt. Es muß jedem übel werden, der einen solchen Menschen sieht! Und in der Tat, der Getroffene sieht so ekelerregend aus, daß er es verdient, verhöhnt zu werden. So folgt der Schlag ins Gesicht. Man deckt es zu, schlägt hinein und schreit: »Du Prophet! Wer war das?« Ein Prophet, das ist alter Glaube, muß sich ausweisen. Will man nicht, daß er einer ist, braucht man ihn nur in eine Situation zu bringen, in der er keine Möglichkeit hat, sich auszuweisen. Und dabei stärkt man sich selbst. Denn der »richtige Mensch« ist der, der keinen besonderen Anspruch erhebt, der darum nicht verspottet wird, sondern spottet. Der nicht bespuckt werden muß, sondern selbst spuckt. Der nicht leidet, sondern zuschlägt. Der richtige Mensch ist der Gesunde, Angepaßte, dem möglichst kein Leiden widerfährt.

Hinter der zweiten Verspottung steckt ein altes Ritual: Es muß die Sitte gegeben haben, daß ein König in einer besonderen Gefahr oder auch zu einer bestimmten Zeit geopfert wurde, damit die Götter dem Volk Fruchtbarkeit des Landes oder der Tiere oder der Menschen schenkten. Später muß es wohl so gewesen sein, daß die Könige auf den Ausweg verfielen, für den Tag des Königsopfers einen Gefangenen oder Sklaven zum König einzusetzen, der gekrönt, verehrt und am Ende geopfert wurde. Die Götter würden den Trick schon nicht bemerken. Dieses Spiel mit dem »Eintagekönig« wurde von den römischen Soldaten gelegentlich getrieben, wenn einer hinzurichten war. Bei wem hätte es sich besser geeignet als bei diesem verrückten Menschen, der von sich sagte, er sei ein König? Auf dem Wege über die römische Besetzung des Rheinlandes vor zweitausend Jahren drang diese Sitte in die dortigen Städte ein und wird bis heute dort weiter gefeiert, wenn alljährlich der »Prinz Karneval« zu wählen und zu inthronisieren ist.

Das Ritual gibt der Passionsgeschichte einen tiefen Hintergrund. Ohne es zu wissen oder zu wollen, zeigten die Römer den Sinn des Sterbens, das Jesus auf sich nahm: stellvertretend zu sterben, damit andere leben können, wie der Sklave an der Stelle eines Königs starb, der eigentlich für das Volk hätte sterben sollen.

Da ging Pilatus«, so fährt der Bericht von der Verspottung fort, »wieder hinaus und sprach zu den versammelten Menschen: Schaut her! Ich zeige ihn euch, damit ihr seht, daß ich keine Schuld an ihm finde. Und Jesus kam heraus und trug die Dornenkrone und den Purpurmantel. Und Pilatus sprach: Seht den Menschen!« (Johannes 19,4 f.)

Wer sind die, die sich vor dem Römer auf dem Platz einfanden? In erster Linie wohl die Ankläger, die Priester und die Schriftgelehrten und ihre Parteigänger, die aus dem Tempel herüberkamen. Daß eine große Volksmasse sich so spät in der Nacht zusammengefunden hätte, vermag ich nicht zu glauben. Das Passamahl wurde zu Hause in den Familien gefeiert. Die Straßen waren also eher leer. Zudem: daß Jesus so heimlich unten im Tal festgenommen wurde, spricht dafür, daß man kein öffentliches Aufsehen erregen wollte. Die also »Kreuzige!« schrien, waren kaum - wie es üblicherweise dargestellt wird - dieselben, die am Tag des Einzugs »Hosianna!« gerufen hatten. Es war vielleicht ein zahlreiches Aufgebot, jedoch keine »Volksmenge«.

Da führt nun Pilatus Jesus heraus und sagt: »Seht den Menschen!« Was wollte er damit sagen? Etwa dies: Schaut ihn doch an! So etwas ist doch kein

König und auch kein gemeingefährlicher Terrorist! Lag also Verachtung in seinem Wort? Oder wollte er sagen: Seht ihn, wie er das alles erträgt! Seht, was das für ein Mensch ist! Lag also Anerkennung in seinem Wort und heimlicher Respekt? Oder lag gar darin: Seht, das ist ein Mensch! Also ein wunderbares Bild des Menschen, wie er sein soll? Mir scheint, aus dem Zusammenhang geht hervor, daß er ihn verachtete: Seht ihn doch an! Der gefährdet uns doch nicht!

Gleichwohl ist für mich die Präsentation des Spottkönigs vor der anklagenden Menge von einiger Bedeutung. Sie ist mir ein Bild für die Doppelgestalt, in der Jesus durch die christliche Geschichte geht: als der verehrte und gepriesene Himmelskönig des Dogmas und der Liturgie einerseits, als der Narr andererseits, den man immer dann für unzuständig erklärt, wenn aus seinen Worten für die politische Wirklichkeit unter den Menschen Konsequenzen zu ziehen sind. Für mich liegt darin auch ein Bild für unsere eigene Doppelgestalt, die so gespalten erscheint zwischen dem Glaubenden und der Karikatur eines solchen, zwischen dem Gerechten und dem Sünder, der zu seiner inneren Eindeutigkeit nur finden wird, wenn ihm der Spottkönig als ein Spiegelbild seiner eigenen Seele und zugleich als das Bild des Christus vor Augen steht.

Es muß uns deutlich sein, daß in Christus immer beides ist: der schwache Mensch mit seiner großen Kraft und der wirklich Freie mit den Fesseln an seinen Händen, dieser Machtvolle, der sich sterbend zum Opfer bringt. Wenn wir ihn sehen, beginnt sich unser Bild von Gott zu klären wie auch unser Bild vom Menschen und vor allem von uns selbst. Wir verstehen, daß dies der wirkliche Mensch ist: der von der Verachtung Gezeichnete im Spottmantel und mit der Dornenkrone. Gott und Mensch werden hier eins in der Gestalt des Leidenden. Hier geschieht die Inthronisation des leidenden Menschen in die Würde des von Gott begnadeten.

Der leidende Mensch im Spottgewand: Vielfach dient Kleidung dazu, Unansehnlichkeit zu verbergen. Wenn Pilatus sein prächtiges Amtskleid ablegt, kommt nicht der große, nicht der wahre, sondern der unansehnliche Mensch zutage. Es gibt nur diese Wahl: Wir halten entweder unsere hohe Meinung von uns selbst gegen alle bessere Erfahrung bis zum Zusammenbruch durch oder wir sagen: Ja, das bin ich. Als dieser unansehnliche Mensch bin ich eins mit Christus. Wozu brauche ich noch an mir selbst zu verzweifeln? Von nun an, sagt Paulus, besteht unsere Aufgabe darin, unseren Stolz herzugeben, damit Christus uns sein Bild einprägt. So steht Christus, der Verletzte, der Zerschundene, neben dem gesunden Pilatus als der, der gekommen ist, das Bild des Menschen zu heilen.

Wenn Jesus sagt: »Folge mir nach!«, meint er nicht: Ahme mich nach! Sondern: Sieh das Bild, das du an mir siehst, und laß es an dir wirken. Es gibt keinen anderen Weg zu der Einheit, die du in dir selbst finden sollst.

Der Verspottung durch die römischen Soldaten geht die Geißelung voran: »Da nahm Pilatus Jesus und ließ ihn geißeln.«

Er ließ ihn in ein Kellergewölbe bringen. Dort band man Jesus an eine Säule und schlug ihn mit der neunschwänzigen Katze, einer Peitsche aus neun Ketten oder Seilen, deren Ende Metallstücke bildeten, die dem Delinquenten das Fleisch von den Knochen rissen. Wer immer gekreuzigt werden sollte, wurde zur Verschärfung der Strafe vorher in aller Regel gegeißelt. Viele starben schon unter dieser schrecklichen Prozedur.

Menschen, die zu solcher Brutalität fähig sind, bedürfen in erster Linie unseres Mitgefühls. Denn niemand scheint mir fähig zu sein, einen anderen Menschen so tief zu entwürdigen, der sich nicht selbst entwürdigt fühlt. Die Henker in der christlichen Geschichte waren in ihren Städten verachtet und gemieden und dadurch fähig zu ihrem Tun. Die Soldaten in der römischen Armee waren so gedrillt, geschunden und mit Strafen bedroht, daß sie, wie es das Ziel dieser Behandlung war, ihre Vorgesetzten mehr fürchteten als ihren Feind. So gaben sie, wenn ihnen die Gelegenheit geboten war, die Fußtritte, die sie empfingen, weiter an die, die ihnen ausgeliefert waren. Wir selbst tun gut daran, uns in ihrer Rolle zu sehen. Wo und wie fühlen wir uns beherrscht, mißhandelt, geknebelt? An wen geben wir den Haß, der sich in uns aufstaut, weiter? Die Gestalt des Christus, von dem gesagt wird, er habe nicht wieder gescholten, als er gescholten war, und nicht gedroht, als er litt, sondern habe für seine Henker die Vergebung seines Vaters erbeten, kann uns dabei helfen.

Wenn wir aber feststellen, daß wir in irgendeiner Zeit und bei irgendeiner Gelegenheit wirklich zu den Henkern gehört haben, ist das Trivialste, das uns einfallen kann, die Umkehrung der Anklage so, daß sie den Geschlagenen trifft. Der schwäbische Pfarrer Christoph Scheytt hat das einmal in ein Gedicht gefaßt:

»großmütig
ihr juden
verzeihen wir euch eure ermordung
mir der ihr
über vierzig jahre nach auschwitz
uns immer noch quält

großzügig
ihr russen
vergeben wir euch eure toten
mit denen ihr
jahrzehnte nach unserer niederlage
uns immer noch kommt

diskret
ihr schwarzen
übersehen wir die apartheid
mit der ihr
jahrhunderte nach den sklavenjagden
uns immer noch schlecht macht

so also
ihr nachtragenden
stehen wir vor euch und der welt;
als solche die
gegen niemanden etwas haben
nicht einmal
gegen sich selbst«

Jesus hat die Kraft der vorausliegenden Jahre dafür eingesetzt, daß Kranke gesund wurden, Entstellte ihre aufrechte Gestalt wiederfanden, seelisch Besetzte die Freiheit und die Würde von Menschen wiedergewannen. Die Geißelung nimmt ihm selbst nun dies alles. Wie das Evangelium sagt, liegt in all dem jene Umkehrung, die wir Stellvertretung nennen, ohne daß wir wirklich verstehen, wie sie sich an uns auswirkt.

Was wir wissen können, ist dies: Die besten Tröster sind diejenigen, die selbst des Trostes bedürfen, und der beste Helfer ist der Hilflose, wenn es ums Letzte geht. Der Gebundene ist der beste Befreier, und der Verwundete, der Beschädigte und Unansehnliche vermag am kundigsten zu heilen. Die Würde des Menschen wird der retten, den Pilatus hinausschickt zu den Menschen, die ihren Haß auf ihn übertragen, und den Pilatus als den »Menschen« bezeichnet, wohl ohne zu wissen, was er damit aussprach.

Die Griechen stellten Götter als schöne Menschen dar, weil sie hofften, das Dunkle und Chaotische in dieser Welt durch die Schönheit zu ordnen.

Das Judentum sah das Leiden und die Krankheit eines Menschen als ein Zeichen seiner Schuld, während der unbeschädigte Mensch durch seine Gesundheit zeigen konnte, sein Verhältnis zu Gott sei in Ordnung. Seit Jesus können wir wissen, daß der heile Mensch so wenig wie der beschädigte Gott offenbart. Beiden ist aber aufgegeben, die eigene Gestalt wandeln zu lassen in die Gestalt des Christus. »Wer mich sieht, sieht den Vater«, sagt Jesus im Vorblick auf sein Leidensschicksal.

Jesus hat dem Alter, der Schwäche, der Krankheit und dem Leiden den Fluch genommen. Sie geben uns die Chance, daß unsere leidende Gestalt den leidenden Christus zeigt und so mit ihm zusammen den Sinn des eigenen Leidens. Das bedeutet, daß wir uns so mit dem eigenen, kranken oder verletzten und am Ende zugrundegehenden Menschen aussöhnen dürfen und sagen: Ich bin nicht mehr als ein *Mensch*, aber ich bin durch das, was Christus gezeigt hat, ein *Mensch*.

Als Jesus hinausgeführt wurde an den Richtplatz, den Hügel Golgatha, »folgte ihm eine große Volksmenge und auch Frauen, die klagten und ihn beweinten. Jesus aber wandte sich um zu ihnen und redete sie an: Ihr Töchter von Jerusalem, weint nicht über mich! Weint über euch selbst und eure Kinder. Denn es wird eine Zeit kommen, in der man sagen wird: Selig sind, die keine Kinder geboren haben, selig die Brüste, die nicht gestillt haben. Dann wird man zu den Bergen sagen: Fallt über uns! Und zu den Hügeln: Verbergt uns! Denn wenn man das tut am grünen Holz, was wird erst mit dem dürren geschehen!« (Lukas 23,27-31)

Am Morgen, so stelle ich mir vor, machte die Nachricht die Runde in Jerusalem: Jesus von Nazareth soll gekreuzigt werden! Die Menschen liefen zusammen, hinauf zum Prätorium und an den Weg, der durch das Gartentor an den Richtplatz führte. Und sie sahen ihn, wie er – das war üblich – den Querbalken zu dem Kreuz, an das er geschlagen werden sollte, auf den Schultern, hinauswankte, umgeben und getrieben von römischen Soldaten.

Wenn einer vor seiner Hinrichtung noch ein Recht hatte, dann dies: daß man um ihn klagte. So folgen ihm Frauen und klagen. Ein Teil wird sich jedem angeschlossen haben, der so hinausgeführt wurde, weil es zur Sitte gehörte. Ein anderer Teil dürfte wohl aus Frauen bestanden haben, die Jesus verehrten. Ihre Klage kam aus dem Herzen, aus der verzweifelten Erkenntnis: In wenigen Stunden wird er tot sein. Die Matthäus-Passion von Johann Sebastian Bach beginnt mit der ergreifenden Anrede an die »Töchter von Jerusalem«, wie Jesus sie nennt: »Kommt, ihr Töchter, helft mir klagen!« Und um die Klage der Frauen her hören wir das Geschrei seiner Gegner: Hinaus mit ihm! Der kommt uns nicht wieder! Dem geschieht recht!

Jesus wendet sich nun an die Frauen: Weint über euch selbst! Denn das Mitleid der Frauen von Jerusalem war kein Trost. So strömten sie immer mit hinaus, wenn einer gekreuzigt wurde, sei es ein Verbrecher, sei es ein Nationalheld aus dem terroristischen Untergrund. Klage war, wie gesagt, das mindeste, auf das alle Verurteilten Anspruch hatten. Und so verwies Jesus sie auf ihr eigenes Schicksal, das einer Stadt, die den Frieden nicht wollte: »Wenn doch auch du verstündest, was zu deinem Frieden dient!« So hatte Jesus wenige Tage vorher vom Ölberg aus seine Klage an die Stadt Jerusalem gerichtet.

Das »grüne Holz« barg die Hoffnung Israels in sich. Aus dem abgehauenen, aber lebenden Baum sollte der neue Zweig wachsen, der Retter und Helfer, der Messias. Nun wird das grüne Holz abgeschlagen. Übrig bleibt lebloses, dürres Holz. Was soll man damit tun? Es taugt nur noch dazu, im Feuer zu versinken und am Ende Asche zu sein. Einige Jahrzehnte später fing dieses Feuer an zu brennen; Jerusalem und das ganze Land gingen in ihm unter; unbeschreibliche Greuel erfüllten das Land; rund um die Stadt standen Tausende von Kreuzen, an die die Römer Gefangene und Überläufer nagelten. »Weint über euch und eure Kinder!«

Immerhin, die Frauen von Jerusalem ließen Jesus ihre Betroffenheit spüren, ihr Mitleiden. Die Männer standen, wie meistens, auf Distanz. Vielleicht angewidert, vielleicht diskutierend. Mancher hält sich für gelassen und ist doch nur gleichgültig, manchen halten die Menschen für weise, und er ist doch nur ohne Hoffnung und unbeteiligt an dem, was um ihn her geschieht.

Als sie ihn abführten«, so berichtet die Passionsgeschichte weiter, »ergriffen sie einen Mann, Simon aus Kyrene (dem heutigen Tripolis in Afrika), der vom Feld kam, und luden ihm den Balken auf, damit er ihn Jesus nachtrage.« (Lukas 23,26)

Offenbar hatte Jesus nicht mehr die Kraft. Da kommt irgendein Bauer daher, einer, der aus Nordafrika eingewandert war. Die Henkersknechte pakken ihn: Da, du Jude, nimm das Holz! Trag es ihm nach! Sie zwingen ihn. Es gibt keinen Ausweg. Erst dort, wo Jesus sterben sollte, wird ihm erlaubt, den Balken niederzulegen und seines Weges zu gehen.

Wir sind nicht alle zu Märtyrern berufen. Wir begegnen Christus nicht auf seinem Weg und werden nicht wie Simon aufgegriffen, um ihm das Kreuz zu tragen. Wir leben unser Leben und sind glücklich über unsere Freiheit, über die Menschen, die wir lieben, über Spiel und Arbeit. Aber es mag durchaus sein, daß uns eine Stunde schlägt, in der uns das Los trifft: Da! Trag du das Kreuz dieses Menschen! Dann hängt das Gelingen unseres Lebens daran, ob wir bereit sind und zufassen. Ob wir willens sind, Stellvertreter zu werden für die Wehrlosigkeit und Schwäche von anderen Menschen und Stellvertreter für Christus, der uns den Weg mit seinem Kreuzbalken voranging. Denn es mag sein, daß wir Gott suchen und ihn nicht finden. Es mag sein, daß wir unsere eigene Seele suchen, ohne sie zu finden, daß wir aber einem anderen Menschen begegnen, der unsere Güte braucht, und alle drei dabei finden: Gott, die eigene Seele und den anderen Menschen. Und wenn uns dieses Kreuz eines anderen selbst Last bringt? Dann gilt, was von allem Leid gilt, das für uns wichtig ist: Wir können es nur überwinden, indem wir es – und sei es bis an die Grenze unserer Kraft – durchwandern.

Simon, ein Bauer, der vom Feld kommt. Er ist müde und hungrig. Er will nach Hause, er will niedersitzen, ruhen und essen. Was geht ihn der Mann an, zumal in einer so gefährlichen Situation? Im Grunde ist ja doch jeder mit seinem Leid und seiner Angst allein. Wir alle haben jedoch Kräfte, auch wenn wir müde sind. Uns fehlt oft nur die Kraft, von unseren Kräften einen sinnvollen Gebrauch zu machen. Etwas Wichtigeres und Sinnvolleres aber als Stellvertretung gibt es nicht. Das gilt nicht nur von der Mühe, die es bedeuten kann, den Balken des anderen zu tragen, sein Leid, seine Einsamkeit, seine Angst. Es gilt auch von seiner Schuld. Es ist schon schwer, eigene Schuld einzugestehen und sie nicht abzuwälzen. Es ist aber ungleich schwerer und sinnvoller, fremde Schuld so auf sich zu nehmen, als hätte man sie selbst auf sich geladen, und dabei in der Güte zu bleiben. Das wäre dann der Dienst, den Jesus an Simon tut und den Simon annehmen darf, indem er zugreift.

Simon aus Tripolis in der Kyrenaika, dem heutigen Libyen, muß als erster wirklich das Wort Jesu erfüllen: »Wer mir angehören will, der nehme sein Kreuz auf sich und folge mir nach.« Vielleicht hundert Meter weit, länger ist der Weg nicht vom Gartentor bis zur Hinrichtungsstätte, trägt er das Kreuz. Ich vermute, daß er sich mit Händen und Füßen gesträubt hat. Gegen diese Nähe zum Leiden eines anderen wehrt sich jeder Mensch, so lange es geht, und schließt die Augen und Ohren, wenn es ihm auf der Straße entgegenkommt. Jeder versucht sich in einer Scheinwelt einzurichten, in der das Leiden nicht vorkommt, und lebt so an der Wirklichkeit vorbei.

Warum ist es gerade von ihm verlangt und nicht von einem von den hundert anderen, die herumstehen? Das braucht er nicht zu verstehen. Die Frage: »Warum muß das jetzt sein und warum das mir?« brauchen wir nicht zu stellen. Es gibt keine Antwort. Wir brauchen nur zu sehen, daß der andere in diesem Augenblick auf geheimnisvolle Weise Christus ist und daß es für uns einen wichtigeren und heilvolleren Weg in diesem Augenblick nicht gibt. Zugreifende Güte und tragende Geduld sind dann das Zeichen des Christlichen. Geduld, wie das Neue Testament sie beschreibt, heißt wörtlich aus dem Griechischen übersetzt: darunter bleiben.

Nach der kurzen Strecke legt Simon den Balken nieder und geht nach Hause. Er hat getan, was ihm seinen wichtigen Ort in der Leidensgeschichte des Jesus von Nazareth und in der großen und schweren Geschichte des menschlichen Leidens überhaupt verschafft.

Irgendwo und irgendwann kreuzt ein Menschenweg den Kreuzweg. Irgendwer kommt von irgendwo und geht nun, gezwungen, nicht mehr irgendwohin, sondern er geht, »wohin er nicht will«. Dann kommt es darauf an, den Zwang in Freiheit zu wandeln und den fremden Gedanken Gottes in sich Raum zu geben, bis er ihnen entspricht. Das geschieht dort, wo wir uns der Güte des dunklen Gottes mit dem zusammen, für den wir einstehen, anvertrauen. So werden wir aus dem Nächstbesten, was wir werden sollen: ein Nächster. In unser richtungsloses Leben kommt eine Bewegung, die auf einen Weg führt, in eine Richtung. Wir werden getrieben oder gezogen und bemerken: Was uns treibt oder zieht, ist eine Liebe, die uns bislang unbekannt war, die anderswoher kommt und uns nun erfüllt.

Am Weg zum Kreuz begegnet uns eine Frau mit Namen Veronika. Ich weiß nicht, ob sie wirklich gelebt hat oder ob sie ihre Existenz einer Legende verdankt. Im Neuen Testament steht nichts von ihr. Dennoch ist sie mir wichtig. Es wird erzählt, sie habe mit den anderen Frauen zusammen Jesus auf seinem Weg begleitet. Als sie sah, wie Jesus das Blut und der Schweiß über das Gesicht liefen, habe sie ihm ihr Schweißtuch gereicht. Er habe es genommen und auf sein Gesicht gedrückt. Als er es zurückgab, seien seine Züge auf dem Tuch sichtbar gewesen.

Das Schweißtuch der Veronika ist eine Erfindung des Glaubens. Es drückt etwas aus, was mir wichtig ist. Wir geben einem leidenden Menschen irgend etwas von uns selbst. Zum Beispiel eine Stunde Zeit, in der wir etwas anderes hätten tun wollen. Danach trägt die Stunde das Gesicht des Leidenden. Wir geben ihm eine Mühe, einen Verzicht. Und die Mühe kommt mit dem Gesicht des Leidenden zu mir zurück. Der Verzicht trägt seine Züge. Als ich einmal mit meiner Frau durch ein Dorf in Bosnien fuhr, hielten uns Leute an und baten uns, einen Mann, der bei einem Verkehrsunfall verletzt worden war, in die nächste größere Stadt in ein Krankenhaus zu bringen. Nach dem Transport trugen die Polster in unserem Wagen die Spuren seiner Verletzungen, seiner Angst und seiner Panik, Blut und Schweiß: das »Schweißtuch der Veronika«.

Kein Leidender gleicht einem anderen, aber alles Leid ist von derselben Würde und Wichtigkeit. Wenn wir keinen Trost spenden können – mit dem Mann aus jenem Dorf konnten wir uns mit keinem Wort verständigen –, so können wir doch, Veronika zeigt es, ein Trost sein. Und dabei empfangen wir eine Spur vom Bild des Christus, das in uns entstehen soll.

Selig, die um der Gerechtigkeit willen
verfolgt werden.
Ihnen steht das Himmelreich offen.

Selig, sagst du, die Unrecht erleiden,
denen Haß begegnet,
weil sie für Gerechtigkeit kämpfen.
Die leiden,
weil sie Unrecht und Leid beim Namen nennen.

Sie gehen deinen Weg.
Sie treten für die Verfolgten ein,
darum trifft sie die Verfolgung.
Sie wollen die Versöhnung mit dem Feind,
darum werden sie selbst zu Feinden
in den Augen derer,
die nicht leben können ohne Feind.
Sie rufen auf zum Verzicht auf Gewalt,
und nehmen den Menschen die Sicherheit,
die auf Gewalt beruht
und ernten ihren Haß.

Der Weg ist schmal, sagst du,
wenn ihr mir nachfolgt.
Nehmt euer Kreuz auf euch.
Tragt es hinter mir her.

So werde ich gegenwärtig sein
in euch und in eurem Leid,
und ihr findet den Weg und den Zugang
zu meinem Reich.

Und euer Leiden wird der Anfang sein
eurer Erlösung.
Der Anfang des Glücks.

VI

Trauer mit den Toten

Die Passionsgeschichte berichtet: »Es wurden aber auch andere hingeführt, zwei Übeltäter, die man mit ihm zusammen hinrichten wollte. Und als sie an den Ort kamen, kreuzigten sie ihn dort und die beiden anderen mit ihm, einen zu seiner Rechten und einen zu seiner Linken. Jesus aber rief: Vater, vergib ihnen! Sie wissen nicht, was sie tun. Und sie verteilten seine Kleider und warfen das Los darum. Und viele Menschen standen da und sahen zu. Aber seine Gegner aus dem Hohen Rat spotteten und sprachen: Er hat anderen geholfen. Er helfe nun sich selbst, wenn er Christus ist, der Auserwählte Gottes ... Es war aber über ihm ein Schild, auf dem stand: Dies ist der König der Juden.« (Lukas 23,32-38)

Die Kreuzigung, von den Phöniziern erfunden, später in Karthago praktiziert, von den Römern übernommen, war die grausamste Todesart der Antike. Sie war bestimmt für Sklaven und Sklavinnen, die ihren Herren entlaufen waren, und in römischer Zeit für aufständische Terroristen. Normalerweise standen auf dem Richtplatz Pfähle, in die Erde eingerammt, zwei Meter hoch. Daran wurde je ein Querbalken befestigt, den der Verurteilte selbst hinauszutragen hatte. Der wurde mit den Händen an das Querholz angenagelt, dann wurde der Balken mit ihm auf dem dastehenden Pfahl befestigt und die Füße zuletzt unten am Stamm. Die Nägel wurden nicht durch die Hände geschlagen, sondern durch die Handgelenke, damit die Hände nicht ausrissen. Die Füße wurden nicht übereinander, wie christliche Darstellungen es zeigen, sondern seitlich, rechts und links zu beiden Seiten des Pfahls angenagelt, durch den Fersenknochen. Männer kreuzigte man mit dem Gesicht zum Beschauer, Frauen mit dem Gesicht zum Holz. Der Tod trat dadurch ein, daß nach langen Stunden, oft erst nach mehreren Tagen, Krämpfe die einzelnen Organe befielen. Die Qual muß unermeßlich gewesen sein. Und da die so Dahängenden von der vorangehenden Geißelung aus Striemen und Wunden bluteten, fraßen Insekten, auch Vögel, sie halb auf, während sie noch lebten. Durst und Atemnot kamen hinzu. Zuletzt zertrümmerte man ihnen die Beine, damit sie sich nicht mehr aufbäumen konnten und die Atmung früher aussetzte.

Das Kreuz, Schandstück menschlicher Henkersphantasie, ist bei uns Christen allzu leichthin zum Schmuckstück geworden, zum Element der Dekoration und der Architektur, und vielleicht ein wenig voreilig zum Zeichen des Heils. In Wahrheit gehört es mit dem elektrischen Stuhl und der Guillotine, mit der Blausäuredusche in den KZs, mit den Holzstößen, auf denen man die Hexen verbrannte, zu den schrecklichsten Folter- und Mordinstrumenten, die die Menschheit je erdacht hat. In diesen Zeichen aber sehen wir kein Heil, sondern den versammelten Sadismus der Menschheit.

Aber es gehört auch alles mit dem Kreuz zusammen, worunter Menschen leiden, woran sie zugrundegehen, woran sie hängen und sterben. Wer das Kreuz ansieht, muß sehr empfindlich werden für alles, was Menschen einander antun, empfindlich auch für alles, was er selbst ihnen antut, mit oder ohne seine Absicht. Wir leben im Grunde davon, daß Jesus für uns, die Quäler und gedankenlosen Spaziergänger auf den Richtplätzen dieser Erde, die ihren Anteil am Unrecht und die Auswirkungen ihres Tuns und Lassens so leicht verdrängen, bittet: »Vater, vergib ihnen, sie wissen nicht, was sie tun.« Und daß darin auch liegt: Vergib ihnen, obwohl sie sehr klar wissen könnten, wo irgendein Mensch in ihrer Nähe sein »Mich dürstet!« schreit oder sein »Mein Gott, warum hast du mich verlassen?«.

Nageln wir noch Menschen an Kreuze? Dazu sind wir zu human. Die letzte Kreuzigung fand meines Wissens vor vierzig Jahren in Budapest statt, als man während des Aufstands einen Kommunisten an die Tür zur Universität nagelte und ihn dort elend zugrunde gehen ließ. Nein, wir haben ein besseres Rechtsempfinden, vielleicht auch nur schwächere Nerven. Aber wir nageln andere fest auf Meinungen und Absichten, die sie nie ausgesprochen haben, auf Orte, an denen sie nicht bleiben können, an Fehler, die sie begangen haben. Die Worte »Der hat es doch so gewollt!« oder »Der soll sich selbst helfen!« sind nicht nur Worte aus der Kreuzigungsgeschichte des Jesus von Nazareth. Wenn bei uns Kinder entführt, sexuell mißbraucht und umgebracht werden –, diese Geschichte ist dahinter immer gegenwärtig. Die Paradiese, zu denen die Menschen immer und immer wieder aufgebrochen sind, mit jeder Revolution neu, voll Hoffnung, voller Pläne, erwiesen sich in aller Regel als Schädelstätten, als Variationen des Hügels Golgatha.

Das Thema »Tod« kann seitdem nicht mehr so angesehen werden, als habe es mit jenem blutgetränkten Felsenhügel nichts zu tun. Immer noch fügen Menschen einander Leiden und Sterben zu, gedankenlos, sinnlos, folgenlos. Mit der Waffe, wie in unseren Tagen in den Bürgerkriegen des Balkans und Osteuropas. Im Strafvollzug wie noch heute im christlichen Amerika. Immer noch töten Menschen sich selbst. Ärzte oder Schwestern handeln auf fromme oder auf fragwürdige Weise barmherzig, wenn sie das Leiden ihrer Patienten verkürzen, und auf eindeutige Weise brutal, wenn sie ihnen ihr Leiden aus angeblich ethischen Gründen sinnlos verlängern. Immer noch ist es die Ausnahme, daß Menschen einander Beistand leisten in ihren letzten Tagen oder Stunden. Immer noch tönen von allen Friedhöfen die hohen Rituale von Nachrufen und Totenehrungen. Noch immer macht man junge Menschen zu Helden und zu »Gefallenen«, weil den politisch Verantwortlichen unbekannt ist, wie man Frieden findet. Seit Jesus haben die christlichen Länder eintausendsiebenhundertfünfzig Mal Krieg geführt, wie ein Historiker gezählt hat. Und warum die Todesstrafe? Nicht zur Abschreckung, nicht zur Wiedergutmachung. Was daran Sühne sein soll, weiß keiner zu sagen. Der wirkliche Grund ist das archaische Bedürfnis nach Blutrache, nichts sonst. Und die unzähligen Selbsttötungen, die man infamerweise bei uns »Selbstmorde« nennt, als sei – wie bei einem Mord – ein niederes Motiv im Spiel? Niemand tötet sich aus Vergnügen oder aus Mordlust, sondern weil das Leben, das er führt, keinen Weg für ihn mehr hat. Weil wir einander allein lassen und die Gottverlassenheit, die ein solcher Mensch erleidet, nur die Verlassenheit spiegelt, in der er unter Menschen ist. Und die vierzehntausend Menschen, die in unserem Land jährlich im Verkehr umkommen, in ihren Autos verbrennen? Sie werden hingenommen, damit die freie Fahrt des freien Bürgers nicht eingeschränkt zu werden braucht.

Der Tod hat viele Gesichter. Es gibt den guten Tod, der kommt, weil das Leben sich erschöpft hat, weil Hingabe die Kraft aufgezehrt hat, weil das Alter erreicht ist, das uns Menschen gesetzt ist. Und es gibt den bösen Tod, der verursacht ist durch Gedankenlosigkeit, Brutalität, Habgier oder Menschenverachtung, den Tod durch Hunger, weil wir alle unfähig sind, ein Stück Brot zu teilen, oder durch Krankheit, weil die Natur inzwischen so vergiftet ist, daß Menschen daran sterben. Immer steht für Christen im Hintergrund die Leidensgeschichte, die bezeichnenderweise von einer Hinrichtung erzählt, welche ohne Prozeß geschah und ohne Nachweis einer wirklichen Schuld.

Das Kreuz, sagte ich, ist ein wenig voreilig zum Heilszeichen stilisiert worden. Man sagte, irgend etwas Sinnvolles muß doch durch den Tod Jesu bewirkt worden sein. Schon in der frühen Kirche sagte man: Der Zorn Gottes gegen uns ist durch den Tod des Sohnes aufgehoben worden. Der Streit zwischen Gott und uns wurde beendet, Versöhnung geschah. Nun kann Gott uns Menschen freundlich begegnen. Ohne den Tod seines Sohnes könnte er das nicht. Was für schreckliche Vorstellungen, was für ein Gottesbild!

Paulus hat, zwanzig Jahre vor der ersten Niederschrift eines Evangeliums, das Gegenteil dazu verkündet: Nicht Gott muß versöhnt werden und schon gar nicht durch ein blutiges Opfer wie an einem antiken Tempel, sondern wir! »Laßt euch versöhnen mit Gott!« Hört die Christusgeschichte und fangt an, in seinem Sinn zu leben und euch an euren Vater im Himmel zu wenden! Richtet euer Leben nach seinem Willen aus! Gebt eure Gottesverachtung und euren Gotteshaß auf! Das ist das Thema, nicht die Versöhnung Gottes. Christus ist der Liebende, der im leidenden Menschen die Liebe wieder zum Leben erweckt. Dieser Christus steht im Bild des Gekreuzigten vor uns.

Das Neue Testament berichtet von der »Versöhnung durch das Blut Christi«. Das Bild vom Blut ist ein Gleichnis, das seinen realen Hintergrund am Tempel in Jerusalem hatte. Dort glaubte man, das ausfließende Blut eines geopferten Tiers versöhne den Zorn Gottes und befreie die Menschen von ihrer Schuld. Dieses Ritual ist vorbei und zwar gerade durch Jesus Christus. Aber um Versöhnung geht es allemal, wo die Liebe verletzt wurde, wo Entfremdung herrscht, auch zwischen Gott und uns. Versöhnung geschieht so, daß wir aufgrund dessen, was Jesus gesagt und getan hat, aus der Entfremdung nach Hause kommen, wie der verlorene Sohn des Gleichnisses nach Hause kam. Freilich, aus der Fremde nach Hause zu kommen, dazu ermutigt uns nicht so sehr die Leidens- als vielmehr die Ostergeschichte, die die Geschichte einer Heimkehr ist. Ist Ostern nicht geschehen, hat sich am Ende nicht Gott mit seiner Leben schaffenden Kraft durchgesetzt, so herrscht der Tod auch nach Christus und seine Passion tritt zurück in eine Linie mit all den Justizirrtümern und Rechtsskandalen, die die Geschichte zeigt. Ist Ostern nicht geschehen, dann wird die Leidensgeschichte zu einer Tragödie, wie es viele gegeben hat und gibt. Sie wird für uns selbst und für unsere Hoffnung nichts mehr bedeuten.

Durch den Tod, den Jesus starb, wandelt sich das Zeichen des menschlichen Sadismus in das Zeichen einer Liebe, die sich hingibt: einer Liebe, die die Erlösung des gebundenen Menschen in uns sucht und dafür auch den Tod nicht verweigert. Jesus hätte von Gethsemane aus auch fliehen können und weiterleben auf irgendeine Weise. Was er gesagt hat und was durch ihn in die Welt kam, wäre dann vergessen worden. Auch wohl widerlegt. Es wäre mit Recht untergegangen. Daß wir uns dieses Zeichen vor

Augen stellen, hängt mit der Erfahrung zusammen, die uns an Christus begegnet: Ein Mensch ist nirgends so frei, so stark und so liebefähig, steht nirgends so glaubwürdig für sein Lebenswerk ein wie dort, wo er ein tödliches Leiden ohne Haß durchsteht. Damit verherrlichen wir nicht das Leid und behaupten auch nicht, daß man es suchen müßte. Im Gegenteil, wir bedenken das Leiden offener, um den Ruf zur Liebe, der in ihm ergeht, zu vernehmen. Wir wehren das Leiden von den Menschen ab, wo immer es gelingen kann, und verändern die Verhältnisse in der Welt so, daß sie eine Welt für fühlende Wesen werden kann. Das Kreuz ist das Ende der Gleichgültigkeit. Es ist der Anfang der Freiheit und der dankbaren Hingabe, das Zeichen einer unüberwindlichen Liebe.

So verändert sich uns auch das Zeichen des Kreuzes selbst:

Τ Das *Taukreuz* ist das Hinrichtungsinstrument, an dem Jesus starb.

✝ Das *Passionskreuz* ist das Hinrichtungsinstrument, das nach oben weist zur Liebe des Christus und zur Barmherzigkeit Gottes.

✳ Das *Strahlenkreuz* ist das Zeichen der Liebe Gottes, in das das Christuszeichen eingezeichnet ist. Christus – ein großes X ist der griechische Buchstabe, der das CH darstellt am Anfang des Christusnamens.

Das *Radkreuz* ist das vollständige Zeichen: das Zeichen der Liebe Gottes, in das der Christusname eingezeichnet ist, umgeben von dem allumfassenden Ring, der sagt: Diese Liebe gilt für alle Menschen, nicht nur für die Christen. Sie gilt der ganzen Welt, nicht nur den Menschen. Sie gilt allen seinen Geschöpfen. In sie sind wir eingefaßt mit allen unseren Aufträgen und Schicksalen, mit unserer Liebe und unserer Schuld, mit unserem Glauben und unserem Versagen. In diesem Zeichen geschieht die Erlösung der Kinder Gottes, unsere eigene Erlösung.

In dieses Zeichen des Todes und des Lebens versenke ich mich in der Hoffnung, nicht im Tod zu versinken. Ich weiß, wenn ich sterbe, werde ich den Sinn meines Lebens nicht erfüllt haben. Ich werde das dreierlei Leid erfahren, das uns Menschen im Tod bewegen wird: Daß ich an dem, was ich gesammelt habe, nicht satt geworden bin. Daß ich, was ich erhofft hatte, nicht erreicht habe. Und daß ich keinen Vorrat gesammelt habe für den Weg, der vor mir liegt. Dazu kommt, daß meine Liebe zu klein war und mein Sinn für Gerechtigkeit mein Leben nicht geprägt hat. Da wird dieses Zeichen der umfassenden Liebe Gottes mir helfen, zu glauben, daß Christus, der für die Armut und Verlassenheit der Menschen sein Leben gab, mein Leben zu seinem eigentlichen Ziel führen wird.

Ich stelle mir meinen eigenen Tod vor. Der kann bei einem Siebzigjährigen nicht mehr sehr ferne sein. Ich stelle mir vor, ich läge eines Tages mit einer qualvollen Krankheit in irgendeinem Bett. Da wünschte ich mir, es käme ein Maler, der malte über mir und in der Richtung, in der ich liege, vielleicht einen Meter im Durchmesser das Kreuz mit dem Christuszeichen, also das achtendige Kreuz mit dem Ring an die Decke: so daß ich in der Richtung des Kreuzes liege, daß das Christuszeichen das Kreuz deutet und der Ring mich mit allen Menschen und allen Geschöpfen zusammen einschließt in die Liebe Gottes. Damit wären auch alle Schmerzen, alles Elend, alle Mühe mit dem Vertrauen und dem Glauben, eingefaßt, auch mein Zweifel und meine Unfähigkeit, etwas anderes zu denken als meine Krankheit. Auch alle anderen Menschen wären eingefaßt, die gleich mir leiden, und auch die Gesunden und die Gedankenlosen. Auch jener Christus vor allem, der am Kreuz schrie: »Mein Gott, warum hast du mich verlassen?« und der doch auf dem Heimweg war in die Liebe Gottes wie nun auch ich.

Ich weiß nicht, ob man in einer Klinik darum bitten könnte, ein solches Zeichen an die Decke zu malen. Aber es wäre schön, gäbe es in jedem Krankenhaus oder Pflegeheim einen Raum, der mit diesem Zeichen ausgestattet wäre. Es käme in das Sterben der Menschen viel mehr Wahrheit und viel mehr Hoffnung. Und es gäbe sinnvollere Gespräche mit den Sterbenden.

Konrad Ferdinand Meyer schreibt in seiner Dichtung »Huttens letzte Tage«, wie der Ritter in der ärmlichen Wohnung auf der Insel Uffenau an den Schmerzen seiner Krankheit fast verzweifelt und dann sagt:

»Fernab der Welt. Im Reiche meines Blicks
an nackter Wand allein das Kruzifix.
In heilen Tagen liebt in Hof und Saal
ich nicht das Bild des Schmerzes und der Qual.
Doch Qual und Schmerz sind auch ein irdisch
    Teil,
das wußte Christ und schuf am Kreuz das Heil.
Je länger ich's betrachte, wird die Last
mir abgenommen um die Hälfte fast,
denn statt des einen leiden unser zwei,
mein dorngekrönter Bruder steht mir bei.«

Es waren dort (wo Christus gekreuzigt wurde) auch Frauen, die von ferne alles mit ansahen, unter anderen Maria Magdalena, Maria, die Mutter des Jakobus und des Joses, und Salome ... Und am Abend kam Josef von Arimathäa, ein Ratsherr, der faßte den Mut, zu Pilatus zu gehen, und bat ihn um den Leichnam Jesu ... Er kaufte eine Leinwand, nahm Jesus vom Kreuz ab und hüllte ihn in das Tuch.« (Markus 15,40-46)

»Es war aber an der Stelle, an der er gekreuzigt wurde, ein Garten und darin ein neues Grab, in dem noch nie jemand gelegen hatte. Weil aber wegen des

Sabbats, an dem man mit Toten nichts zu tun haben durfte, Eile geboten war, legten sie Jesus dort hinein, weil das Grab so nahe war.« (Johannes 19,41 f.)

»Und Josef von Arimathäa wälzte einen Stein vor den Eingang des Grabes. Und Maria Magdalena und Maria, die Mutter des Joses, achteten darauf, wohin man ihn legte.« (Markus 15,46 f.)

Josef von Arimathäa, so heißt es, nahm ihn ab. Er übernahm die Arbeit, die da getan werden mußte, und ließ sich nicht abschrecken. Er tat die Trauerarbeit, die zu erfüllen so schwer fällt, das Standhalten vor dem Grauen, das uns angesichts eines solchen Todes überfällt. Sie ist nötig, damit wir nicht bei den seichten Tröstungen stehen bleiben, die man uns anbietet: Kopf hoch! Vergiß es! Das Leben geht weiter! Wenn am Ostermorgen ein Licht aufgehen soll, muß der Karfreitag durchgestanden werden. Es ist dabei gewiß nicht zufällig, daß von Frauen gesprochen wird, die das lange und qualvolle Sterben am Kreuz aushielten und nicht wegliefen. Es sind auch sonst und bis heute, wo es wirklich ernst wird, immer wieder die Frauen, die den Mut und das Stehvermögen aufbringen, das den Männern oft so schwer fällt.

In der Grabeskirche in Jerusalem wird dem Besucher in der großen Rotunde der Felsblock gezeigt, in den das Grab gehauen war, wie die Überlieferung sagt. Man hat immer wieder Zweifel daran geäußert, daß der Platz historisch zutreffend sein könne. Denn man meinte bis vor wenigen Jahren, dieser Ort habe innerhalb der Mauern gelegen, während klar war, daß eine Hinrichtungsstätte und ein Grab immer außerhalb der Stadt zu sein hatten. Inzwischen weiß man, dieser Platz lag zum Zeitpunkt des Todes Jesu tatsächlich außerhalb der Mauern und wurde erst vierzehn Jahre später einbezogen. Wir können aber davon ausgehen, daß die Zeitgenossen den Ort kannten und daß die ersten Christen sich kurze Zeit später dort versammelten. Vierzig Jahre danach flohen die Christen aus Jerusalem, als der römische Krieg begann. Als sie zurückkehrten, dürfte es noch viele gegeben haben, die diese Stelle kannten. So nehmen wir an, daß die kleine Kirche, die dort gebaut wurde, am richtigen Ort stand und auch die riesige Prachtkirche, die Konstantin der Große später dort bauen ließ. Wer in Jerusalem in der Grabeskirche steht, steht wohl tatsächlich an dem Ort, an dem das alles geschah.

Nun also war das Grab verlassen von denen, die an der Grablegung Jesu beteiligt waren, und es waren, wie Matthäus berichtet, nur noch Frauen dort. »Die setzten sich dem Grab gegenüber« (Matthäus 27,61). Wir haben anfangs der Totenklage gedacht, die Maria von Betanien darin ausdrückte, daß sie Jesus »auf seinen Tod« salbte (siehe S. 31 ff.). Nun sind es wieder die Frauen, die »darauf achteten, wohin man ihn legte« und danach am Ort blieben. Was in diesen Frauen dabei vorging, können und wollen wir uns nicht vorstellen. Sie müssen geradezu zerstört gewesen sein nach allem, was sie erlebt hatten, zerrissen an Leib und Seele und am Ende ihrer Kraft. Kaum mehr lebensfähig. Aber sie bleiben. Ihre Kraft, dazubleiben und auszuhalten, ist die Außenansicht der abgründigen Klage, die sie erfüllte.

Klagen zu können ist ein tiefreichendes Zeichen für die Menschlichkeit eines Menschen. Wer unfähig ist zu klagen, ist wahrscheinlich unfähig zu lieben. Denn wer einmal begreift, wie gefährdet alles Leben ist, der sucht es zu schützen. Und wenn er es nicht schützen kann, dann trauert, dann klagt er. Er wünscht, das Leben möge seinen Gang auf gute Weise nehmen. Es möge freundlich verlaufen und den schützen, der so gefährdet ist. So wird ein Mensch, der sensibel geworden ist und fähig zur Klage, auch fähiger sein, mit Dingen und Menschen freundlich umzugehen. Klage ist ein Ausdruck einer tiefen Sehnsucht nach Liebe im Gang der Welt, nach einer Liebe, die das Gefährdete, das Verletzliche schützt und bewahrt. Klage zeigt an, daß das Herz verwundbar ist.

Wenn ich das Kreuz anschaue, dieses grauenvolle Mordinstrument, dann weiß ich: Ich bin einer, der ständig das zerstört, was ihm an Glück, an Frieden, an Heil, an Gerechtigkeit angeboten wäre. Einer, der die Liebe zertritt, von der er leben könnte. Der die Wahrheit verdrängt, die ihm Klarheit bringen würde. Der den Sinn verfehlt, der in sein Leben gelegt ist. Der das Licht auslöscht, das ihn vor der Dunkelheit bewahren würde. Wer sieht, wie die Ehen zerbrechen, wie das Vertrauen gebrochen wird, wie öffentlich und privat gelogen wird und gefälscht, wie Gewalt herrscht im Kleinen und im Großen, wo eigentlich gemeinsames Leben sein könnte, und wer weiß, daß er nicht anders ist und nicht besser als andere Leute, wer also sich nichts über sich selbst vormacht, den überkommen Trauer und Klage. Der Karfreitag ist der Tag der Klage. (»Kara« heißt altdeutsch Klage.) Der Liebende ist daran kenntlich, daß er seine Beteiligung an Gewalt und Unrecht nicht beschönigt und sich vor der Anklage nicht schützt. Er trauert vielmehr darüber, daß die Liebe wie ein Fremdling über diese Erde geht und am Ende die Stadt verläßt, daß sie das Kreuz trägt und zuletzt am Kreuz sterben wird.

Eduard Mörike schreibt:

»Die Liebe, sagt man, steht am Pfahl gebunden, geht endlich arm, zerrüttet, unbeschuht ...«

Klage ist ein Leiden daran, daß die Liebe den Tod in sich hat. Sie ist eine Schwermut, die daran leidet, daß, was schön ist, an seiner Wehrlosigkeit zugrunde geht.

Aber die Klage geht noch tiefer. Sie erkennt auch den Riß, der durch uns selbst geht. Sie weiß: Wir sind dazu bestimmt, schützend für das Gefährdete einzutreten –, und wir sind doch selbst die Gefahr. Sie erkennt: Ich bin selbst der, der das Heilige mit Füßen tritt, das Schöne verrät, das Recht verletzt und das Leben dem Tode ausliefert. Ich bin es selbst, der den geliebten Menschen verläßt und der das Vertrauen zerstört. So stellt sich eine Klage ein, die die Wurzel des Unheils im eigenen Herzen wahrnimmt. »Weint über euch selbst«, sagt Jesus.

Hier, wo diese schwer begreifliche Wahrheit ans Licht kommt, ist auch der Punkt, an dem der Umschlag geschieht, an dem die Klage einer befreienden Kraft begegnet. Hier wird deutlich, was Jesus mit seinem Wort meint, das Weizenkorn müsse sterben, wenn aus ihm Frucht hervorgehen soll. Denn wer erlösend wirken will, muß sich erst von Christus binden lassen. Wer von Angst frei machen will, muß durch Furcht und Zittern gegangen sein. Hier wird deutlich, wie sehr wir gespaltenen Menschen berufen sind, ein Ort Gottes in dieser Welt zu sein. Denn die wirklich durchgestandene Klage ist das Zeichen dafür, daß die Geburt Gottes in uns begonnen hat und wir im Begriff sind, unsere neue Gestalt zu finden: die Gestalt des Liebenden und des Geliebten.

Aber das sagt nicht der Karfreitag, sondern erst Ostern. Da muß erst Auferstehung geschehen, die Auferstehung des Christus im Garten neben dem Kreuz und die Auferstehung in mir selbst durch diesen Christus.

Ich könnte den Karfreitag nicht ertragen, wenn nicht Ostern wäre. Ich würde ihn übergehen und vergessen wie so viele andere in unserer Zeit. Ich müßte ihm ausweichen, wenn ich nicht den Ostermorgen wüßte: das Leben aus dem Tod, das Leben nach dem Tod, das Leben trotz des Todes, Gerechtigkeit trotz des Unrechts, Liebe trotz der Brutalität, der Gewalt überall, Liebe aus Gott. Und am

Ende: wenn ich nicht eine Liebe wüßte, die sogar aus dem schrecklichen Geschehen dieses Tages im Jahr 30 ans Licht tritt.

Aber das ist schwer zu erklären und sicher nicht Sache einer kurzen Überlegung wie der, die wir hier miteinander anstellen. Wir müssen schon mitgehen an den Ort des Geschehens, an den Ort des Todes, der in uns selbst ist. Der Karfreitag gibt die Anleitung dazu.

Der Karfreitagabend ist auch eine Aufforderung, bei denen zu sein, die klagen. Bei denen, an die niemand denkt, die so überflüssig, so entbehrlich sind wie die Frauen am Grab. Bei denen, die keiner hört und keiner sieht, denen man ausweicht, wenn man das Leben genießen will. Bei denen, die in Gedanken ständig ihre eigene Todesanzeige entwerfen und dabei wissen, daß niemand um sie trauern wird. Bei denen, die nicht wissen, woher sie die Kraft nehmen sollen zu stehen und erst recht nicht die Hoffnung, daß alles in irgendeinem Licht enden wird. Auch für den Weg zu ihnen gibt dieser Abend die Anleitung. Denn mancher Mensch hat Grabhöhlen vor Augen, in seinem Gehirn Zellen, in seinem Herzen verschlossene Türen. Er ist im Grunde ein Gefängnis, ehe er selbst zur Grabhöhle wird.

Der leibliche Tod ist ja nicht das Schlimmste, es gibt auch einen Tod der Seele, während das Leben weitergeht. Das Leidvolle am Sterben besteht darin, daß einer von sich selbst Abschied nehmen soll, ehe er bei sich angekommen ist. Bei sich selbst ankommen, das geschieht aber am deutlichsten, wo einer beim Leid eines anderen ankommt. Wenn ein Mitleidender in der Nähe ist, wird der Tod nicht leichter. Durch eine Brücke wird der Abstand zwischen zwei Ufern nicht kleiner, aber er wird begehbar.

Schlimmer als der Tod ist das Ergebnis, das uns am Ende unseres Lebens in den Händen bleibt. Es ist doch seltsam: Wenn ein Mensch stirbt, der uns nahe gestanden hat, sagen wir uns: Ich habe ihn zu wenig geliebt. Wenn aber die Liebe das Maß ist, empfinden wir beim Gedanken an unseren eigenen Tod: Wie habe ich doch mein Leben vertan! Und so ist das Belastende am Altwerden nicht der Abbau von Kräften oder Sinnen oder Gedanken, sondern das Unerledigte, das Versäumte, das Unwiederbringliche.

Das Gespräch, das wir mit uns selbst führen, bezieht die Toten ein. Wir begleiten sie, als führten wir ein Gespräch mit ihnen über einen Abgrund hinüber, und wissen doch, daß sie uns sehr nahe sind. Es gibt durchaus eine Verbindung mit den Toten und zwar auf dem Wege über den lebendigen Gott. Wenn wir zu Gott sprechen, haben wir es mit dem zu tun, in dessen Hand auch die Toten sind. Wir danken ihm für das, was uns die Toten gewesen sind, und verbinden uns so mit ihnen. Wir bringen ihnen unser Herz und was uns mit ihnen verbindet und finden sie – auf dem Umweg über Gott. So sind wir in aller Stille bei ihnen, nicht mit Angst oder Anklagen oder Selbstvorwürfen, sondern mit Dankbarkeit. Gott, sagt Jesus, ist nicht ein Gott der Toten, sondern der Lebendigen. In ihm leben alle, die den Weg durch den Tod gegangen sind.

So gehört zum Karfreitag, daß wir aller Toten, mit denen wir verbunden waren, gedenken, auch aller ihrer Schwächen und Leiden. Aber auch aller Namen, an die keiner denkt. All der Vergessenen, all derer, die im Elend starben oder sich das Leben nahmen. Wir betrachten das Kreuz und wissen in ihm alles Leid der Leidenden und alle Schuld der Schuldigen aufgehoben. Wir gedenken aber auch all derer, für die nach dem Tode des geliebten Menschen das ganze Leben ein einziger, langer Karsamstag ist und sein wird.

Und sie versiegelten den Stein« (Matthäus 27,66). – Die Hoffnung auf Auferstehung versteht sich nicht von selbst. Viele Menschen um uns her wünschen sich, der Tod möge, wenn er kommt, endgültig sein. Sie bringen die Toten in ihre Gräber und versiegeln die Steine. Aus und vorbei. Wer das Leben kennt, hat nur schwer eine Hoffnung.

Viele Menschen unserer Zeit suchen im Leben die Hand Gottes und finden sie weder im Leben noch im Tod. So bleibt nichts als der tiefe Wunsch, im Tod doch einfach verlöschen zu dürfen, spurlos ins Nichts hinein erlöst zu werden, in einen Schlaf ohne Erwachen.

Das kann auch für Christen gelten. So schreibt der Dichter Reinhold Schneider in seiner Schwermut: »Ich ziehe mich in den Kirchen am liebsten in die Krypta zurück. Ich höre den fernen Gesang. Ich weiß, daß Christus auferstanden ist. Aber meine Lebenskraft ist so sehr gesunken, daß sie über das Grab nicht hinausgreifen, sich über den Tod hinweg nicht zu sehnen oder zu fürchten vermag. Ich kann mir einen Gott nicht denken, der so unbarmherzig wäre, einen todmüden Schläfer unter seinen Füßen, einen Kranken, der endlich eingeschlafen ist, aufzuwecken.« (Winter in Wien)

Es ist begreiflich, daß ein Mensch sich danach sehnt, es möge alles vollbracht sein. Aber wenn Jesus rief: »Es ist vollbracht«, meinte er nicht das zurückliegende Leben und Leiden, sondern sein Werk. Dieses ist auf Zukunft angelegt, auf das Reich Gottes. Jesus starb nicht mit der Sehnsucht nach dem Verlöschen, sondern mit dem Willen, für die Menschen eine Zukunft freizulegen, gerade auch für die Ärmsten unter den Verzagten.

Ob wir die Gräber versiegeln oder nicht, vor uns allen liegt ein Erwachen. Vor uns liegt ein Weg voll neuer Erfahrungen, voller Begegnungen, ein Weg durch Räume, für die uns hier die Sinne fehlen, die wir aber durchaus ahnen können. Vor uns liegt, wenn wir die Augen geschlossen haben werden, nicht die Dunkelheit, sondern das Licht. Der Tag Gottes. »Ich bin das Licht der Welt«, sagt Christus. »Wer mir nachfolgt, wird nicht in der Finsternis sein, sondern das Licht schauen und in ihm leben.« (Johannes 8,12)

Selig sind, die Leid tragen,
denn sie sollen getröstet werden.

Was ist das für ein Trost, Jesus?
Was kann einen Menschen trösten,
der vor einem Grab sitzt?
Was kann Trost sein,
wenn das große Leid einkehrt,
die Einsamkeit, die Verlassenheit?
Kann ein Trauernder den wiederfinden,
der ihn verlassen mußte?
Meinst du das?

Oder meinst du, das Leben,
das dem Tode folgt, werde keine Trauer,
kein Vermissen mehr kennen,
weil es auf andere Weise erfüllt ist und gesegnet?

Ich weiß nicht recht, welches Leid du meinst.
Mein eigenes – oder das, das ich für andere trage?
Ich leide ja darunter, daß so selten etwas gelingt.
Ich leide darunter, daß alles so wenig Sinn hat.
Ich leide unter Angst und Schmerzen.

Aber es ist ja so viel Einsamkeit auch um mich her.
Es werden so viel Schmerzen gelitten,
und der Tod tut seine schreckliche Arbeit,
die uns entreißt, was wir lieben.

Ich sage mir: Ich bin selig,
indem ich das Leid anderer trage,

denn ich tue, was du tust.
Ich steige in die Tiefe hinab
und nehme die Last auf.

Wenn wir Leid tragen, leiden wir mit dir.
Unser Trost ist der Trost, daß du lebst
und wir leben werden.
Selig sind wir, die das Leben erleiden
bis an die Grenze, die der Tod ist,
und den Tod bis an die Grenze,
die das Leben ist.
Denn wir gehen deinen Weg.

VII

»Höllenfahrt«

Und es war eine Finsternis über dem ganzen
Land, und die Sonne verlor ihren Schein.« (Lukas
23,44 f.)

Was mag sich in dieser Notiz der Leidensgeschichte ausdrücken? Trat zur Zeit des Todes Jesu
»zufällig« gerade eine Sonnenfinsternis ein? Oder
ist es eine Legende? Oder liegt darin ein Wissen um
einen größeren Zusammenhang, in dem das Chri-
stusgeschehen steht?

In seinem Trauergesang »Bei stiller Nacht, zur ersten Wacht ein Stimm begann zu klagen« klagt
Friedrich von Spee mit dem im Garten Gethsemane
verlassenen Jesus, für den »weder Hilf noch Trost
vorhanden« sei. Dort fährt er fort:

>»Der schöne Mond will untergehn,
>vor Leid nicht mehr mag scheinen,
>die Stern ohn Glanz am Himmel stehn,
>mit mir sie wollen weinen.
>Kein Vogelsang noch Freudenklang
>man höret in den Lüften;
>die wilden Tier traurn auch mit mir
>in Steinen und in Klüften.«
>(Trutznachtigall, 1649)

Es ist, als schließe sich die Kreatur zusammen zu gemeinsamer Trauer über das Schicksal des Christus, der nicht nur um der Menschen, sondern um der Kreatur insgesamt willen zu leiden habe.

Auch wir Menschen dürfen uns angesichts der Passion des Christus nicht aus dem kosmischen Zusammenhang lösen, um allein noch an unsere Seele zu denken. Glaube hat mit dem Ganzen der Schöpfung zu tun. Wir hören im Evangelium: Christus ist der Herr auch des Kosmos. Wir ehren Christus, aber wir leben, forschen, produzieren, als gehöre die Erde uns und als seien wir niemand, auch Gott nicht, Rechenschaft schuldig. Ist unser Umgang mit der Welt nicht Ausdruck einer brutalen Verachtung der Schöpfung und des Schöpfers, der leidenden Kreatur und des Erlösers der Leidenden?

Nie ist die Schöpfung so brutal gekreuzigt worden wie in unseren Tagen. Die Tierversuche in unserem Land schreien zum Himmel. Viele Millionen jährlich. Die meisten unnötig oder sinnlos. Hunde erleiden bei Strahlungsversuchen Verbrennungen oder Knochenmarkkrebs. Katzen durchtrennt man das Rückenmark, Hunden die Stimmbänder. Affenköpfe erhält man isoliert am Leben. Wer fragt nach den Schmerzen und nach den Todesängsten? Legehennen in den Batterien fressen sich gegenseitig an. Bei der Waljagd explodieren Sprengladungen im Innern der Tiere. Die Kabelindustrie leitet PCB, ein Gift, ins Meer. In der Ostsee wurde festgestellt, daß nur noch jedes fünfte Robbenweibchen Junge gebären kann. Das Gift, das die Tiere in ihren Körper bekommen, hat zu Gebärmutterverengungen geführt, so daß die Muttertiere, wenn sie gebären sollen, qualvoll mit den Jungtieren verenden. Es gibt ein Symbol: jenes Foto des ölverschmierten Albatros, des flügellahmen Vogels mit klagend aufgerissenem Schnabel, der am Schmutz der Menschen zugrunde geht.

Berührt es uns, wenn wir dies alles sehen? Oder verhalten wir uns wie der römische Richter Pilatus, als er Jesus geißeln ließ? Wir fragen: Was habt ihr Tiere eigentlich für ein Recht? Ihr seid doch nur Tiere. Und die Angeklagten schweigen. Sie haben keine Sprache, die ihre Henker verständen. Sie können nicht sagen, Gott habe sie geschaffen, ein jedes nach seiner Art. Sie können nur die Kreuzigung erleiden, auf tausendfältige Weise.

Wir haben den Karfreitag der Schöpfung eingeläutet. Unter uns Christen träumen allzu viele noch den Traum von der Welt, die dem Menschen unterworfen und dienstbar sei. Bis sie zugrunde geht. Bis die Sonne ihren Schein verliert, und es finster wird über der erfolgreichen Szene der Ausbeuter und Zerstörer.

Der Kosmos klagt. Wenn wir die Klage hören und sie nicht verdrängen, werden wir mitklagen, damit wir wach werden. Wir werden erkennen, daß eine Rettung nicht ohne Opfer zu haben ist. Wann sollten wir es begreifen, wenn nicht an dem dunklen Samstag nach dem Tod Jesu? Die Welt wartet darauf, daß die Christenheit anfängt zu begreifen. Denn Gott begegnet uns im Gesicht der Leidenden.

Heute begegnet er uns umfassender als je im Leiden der Kreatur. Vielleicht werden wir ihm ein letztes Mal begegnen, wenn der Tod nicht mehr nur nach Wäldern und nach Seevögeln greift, sondern nach uns und unseren Kindern.

Daß die Sonne ihren Schein verliert und die wilden Tiere mitklagen in Steinen und Klüften –, das sind keine Schnörkel um die Passion Christi her, sondern eine Wahrheit, an der wir heute endlich erwachen sollen.

Die Passionsgeschichte greift noch tiefer in die Hinter- und Abgründe der Schöpfung. Der erste Petrusbrief schreibt: »Christus ist getötet worden, soweit er Mensch war. Er ist aber lebendig geworden aus dem Geist Gottes. Im Geist Gottes ist er abgestiegen und hat den Geistern im Gefängnis das Evangelium gebracht.« (1. Petrus 3,18 f.)

Was wir da lesen, ist ein seltsames Wort. Es wird auch nicht begreiflicher dadurch, daß es im Glaubensbekenntnis der Kirchen vorkommt in der Formel: »Abgestiegen in das Reich des Todes«. Zwischen Tod also und Auferstehung sei Christus zur Unterwelt hinuntergefahren, zum Ort der Ferne von Gott. Die Osterikonen der orthodoxen Kirche oder die gotischen Tafelbilder des abendländischen Mittelalters zeigen es anschaulich: Christus tritt in der Tiefe der Erde die Tür ein, hinter der die Toten aller Völker und aller Zeiten gefangen sind, und führt sie heraus, allen voran Adam und Eva.

Diese Bilder zeigen aber nicht nur das mythische Umfeld, daß nämlich die Toten in der Tiefe der Erde, weit unterhalb der Gräber vorzustellen seien. Sie zeigen auch den Sinn dieses Gedankens und schließen ihn auf. Er hat den »Geistern im Gefängnis gepredigt«, heißt es wörtlich. »Gepredigt« heißt nicht: Er hat ihnen eine Rede gehalten, um danach alles zu lassen, wie es war. Das hat es bei Jesus nie geheißen. Es hieß bei ihm vielmehr entlasten, befreien, heilen, befähigen, zu einem anderen und neuen Dasein helfen. Den Geistern im Gefängnis predigen heißt: befreien, herausführen, zum Leben bringen, was da im Untergrund der menschlichen Seele gefangen liegt.

Wenn in der Bibel vom »Totenreich« die Rede ist, dann ist eine Tiefe weit unter den Gräbern gemeint. Wer ins Grab gelegt wird, hat am Leben immer noch insofern teil, als auch der tote Leib wieder zurückkehrt in den Kreislauf der Natur. Das »Innere der Erde« meint eine Abgründigkeit, die auch in diesem Sinn mit dem Leben nichts mehr gemein hat. In diesem tiefsten Reich der unteren Mächte aber ereignet sich eine Vorbereitung zur Auferstehung der Toten: ein Mysterienspiel, das der Christusgeschichte einen bis in die früheste Menschheitsgeschichte zurückgreifenden Sinn gibt. Es besagt, wenn Christus »im Geist Gottes«, das heißt aus seiner Leben schaffenden Kraft, abgestiegen ist in das Schattenreich dieser Welt, können wir nicht mehr von einer Welt reden, die gespalten wäre zwischen einer lichten Höhe und einer dunklen Tiefe.

Wir können sie also nicht mehr aufteilen zwischen Gott und Satan, zwischen der Welt oder dem Reich Gottes und dem Reich des Dunklen in einer von Gott abgewandten Welttiefe. Dann ist die Welt eins, nicht nur, weil Gott sie in ihrer Gänze erschaffen hat mit allen Mächten, die in ihr sind, sondern auch, weil Christus alles umgriffen und einbezogen hat, was gegen Gott gerichtet war. Es geht um das Wissen, daß die Welt in sich eins ist. Dieses Wissen schließt sich uns im Zusammenhang des Leidens und des Todes des Jesus von Nazareth, der der Christus war, auf.

Eine dualistische Weltsicht, wie sie bis heute weite Bereiche des christlichen Nachdenkens bestimmt, steht demnach zu allem im Widerspruch, was wir über den schaffenden Gott und über das Wesen und Werk des Christus glauben oder wissen können. Es bedeutet zugleich das Ende aller Höllenvorstellungen. Auch der Ausgang, das letzte Ende des Weltdramas kann nicht eine gespaltene Welt sein, in der Gott einen Teil regiert, die Hölle aber, das Gefängnis in der Welttiefe, den anderen Teil. Aus der Höllenfahrt ergibt sich der Gedanke von der Versöhnung auch des Satans, auch aller »Verdammten dieser Erde« mit Gott. Die »Allversöhnung« hat bei den größten Denkern der mystischen Tradition immer wieder ihre oft heimliche, oft auch ihre ausdrückliche Formulierung gefunden, ohne daß sie offiziell in die Lehre der Kirche aufgenommen worden wäre. Offenbar fürchtete man, ohne Hölle die Menschen nicht disziplinieren zu können. Christus jedoch wollte uns von allem befreien, was uns hindern könnte, mit Gott ins dankbare Einvernehmen zu kommen.

Das mythische Bild von der »Höllenfahrt« sagt auch etwas über Gott selbst. Ein Gott, der nur »oben« wäre, nur in der Höhe des Heiligen oder des Guten, könnte uns kein Halt sein, wenn wir in irgendeine Tiefe abstürzen, in irgendeinen Abgrund des Erleidens oder des Verschuldens oder des Versäumens. Wir wären in der Tiefe von Gott verlassen. Das Bild vom Abstieg des Christus zu den Geistern im Gefängnis sagt aber: Wohin immer du abstürzen solltest, tiefer noch ist die Hand Gottes dir entgegengehalten, die dich auffängt. Jede Tiefe ist ein Ort Gottes. Die dunkle Tiefe und die Höhe des Lichts sind eins in ihm.

Hier möchte ich auf das Gegenbild vorgreifen: die »Himmelfahrt«. Was ist denn der »Himmel«? Er ist nicht irgendein Ort über den Wolken. Himmel ist ein Wort für die Anwesenheit Gottes. Wo ist Gott? Er ist überall, oben wie unten und um uns her und in besonderer Weise auch in uns selbst.

> »Halt an, wo laufst du hin?
> Der Himmel ist in dir!
> Suchst du Gott anderswo,
> du fehlst ihn für und für«,

sagt Angelus Silesius.

Und was ist »Hölle«? Sie ist das Bild für den absurden, nicht vorstellbaren Ort, an dem Gott nicht ist. In diesen Ort des Widersinns, so sagt der Gedanke von der Höllenfahrt, stieg Christus ab, um zu zeigen, daß auch dort nicht die Hölle, sondern Gott ist. Seine Liebe, die letztlich die Ursache für den Tod war, umgreift auch den verzweifeltsten Gedanken eines Menschen, er sei in irgendeinem Sinne von Gott verlassen und vor ihm stehe in irgendeinem Sinn eine Hölle.

»Höllenfahrt« Christi meint: Die Welt ist nicht dein Feind. Sie ist ein guter Ort für dich. Das Universum bedroht dich nicht. Es geht auch nicht seinem Untergang entgegen, sondern dem Reich, das Christus zeigt und repräsentiert. Das Universum ist nun durchwirkt von seiner Hingabe und gibt dir die Möglichkeit, in ihrem Sinne ein Leben zu führen, das auf das große Ziel des Gottesreichs zugeht. Du Mensch weißt nun, stellvertretend für alle Geschöpfe, von dem letzten Sinn der Weltgeschichte, von dem Ziel, dem die Schöpfung entgegengeht. So gelangt das Universum in dir, dem Menschen, zum Bewußtsein seiner Herkunft und seiner Bestimmung.

Selig sind, die geduldig und freundlich sind,
denn sie werden die Erde besitzen.

Unser Weg, sagst du, führt durch diese Welt,
durch alle Abgründe,
bis an den Anfang deines Reichs.
Aber du sagst nicht, unsere Seligkeit sei es,
diese Erde zu verlassen.

Du sagst, wir sollen heimisch sein
auf dieser Erde,
solange wir hier zu leben haben.
Wir hätten ein Heimatrecht hier
und sollen uns mit allem aussöhnen,
was uns in dieser Welt und auf dieser Erde
feindlich begegnet.
Wir sollen ohne Haß und ohne Waffen
auch den Mächten entgegentreten,
die uns so begegnen,
als kämen sie aus der Hölle.

Wir sollen geduldig in der langen Zeit leben,
in der die Dunkelheit um uns her
oder in uns selbst regiert.
Wir sollen freundlich umgehen auch mit dem,
was uns absurd scheint.
Denn in allem begegne uns Gott.

Denn Gott ist auch in der Hölle,
er ist auch in dem, was uns böse,
was uns dunkel und unbegreiflich scheint.

Und so versöhnen wir uns auch mit der Erde
und mit ihren Abgründen
und finden dadurch Heimat in der Fremde,
Glück in einem dunklen Land.
So finden wir Gott
und damit unser Ziel,
den Sinn dieses Weges
und zuletzt uns selbst.

VIII

Der Anbruch des Tages

Es war zwei Tage nach dem eiligen Begräbnis draußen vor der Stadt Jerusalem in dem Garten, der in der Nähe war. Es war in der Morgenfrühe:

»Maria Magdalena stand vor dem Grab und weinte. Wie sie nun so weinte, bückte sie sich und blickte in die Grabhöhle hinein. Da sah sie sich um und sah hinter sich Jesus stehen. Sie wußte aber nicht, daß er es war. Jesus fragte sie: Frau, was weinst du, wen suchst du? Sie meinte, es wäre der Gärtner und sprach ihn an: Herr, wenn du ihn weggetragen hast, dann sage mir doch, wohin du ihn gelegt hast. Dann will ich ihn holen. Da sprach Jesus sie an: Maria! Sie fuhr herum, wandte sich ihm zu und rief: Mein Meister! Aber Jesus wehrte ab: Rühre mich nicht an, denn ich bin noch nicht heimgekehrt zu Gott. Geh aber zu meinen Brüdern und sage ihnen: Ich kehre zu meinem Vater zurück und zu eurem Vater, zu meinem Gott und zu eurem Gott. Da lief Maria Magdalena zu den Jüngern und rief ihnen zu: Ich habe den Herrn gesehen! Und berichtete ihnen, was Jesus ihr gesagt habe.« (Johannes 20,11-18)

Es ist Morgen. Erstes Licht. Zwei schlaflose, durchweinte Nächte lagen, wie ich mir vorstelle, hinter der Frau, die hinausgeht aus der Stadt und den Garten aufsucht, in dem sie zwei Tage zuvor den so schrecklich zugerichteten Körper ihres Meisters begraben hatten. Und nun kam des Schrecklichen zweiter Teil. Nun galt es, ihn noch einmal aus dem Grab zu holen, um ihn, wie die Sitte es vorschrieb, zu waschen und für die endgültige Ruhe zu balsamieren: ein letzter grausiger Liebesdienst an einem geliebten Menschen. Die Männer waren weit entfernt, ein paar Frauen wollten sich an diesem Morgen die schreckliche Arbeit teilen.

Maria Magdalena: Eine Frau, die den Karfreitag über bei dem sterbenden Christus ausgehalten hatte, kommt also am Morgen des dritten Tages an das Grab. Das ist das Äußere der Geschichte. Aber es geschieht etwas, nicht nur in einem Garten, nicht nur zwischen Felsen und Grabhöhlen und ein paar Bäumen, sondern in diesem Menschen selbst. Was geschieht?

Sie hat die Nacht in der dunklen Tiefe ihrer Seele zugebracht, in der ein Mensch versinkt, wenn ihm der geliebte andere durch den Tod entrissen wurde. Wenn jemand wirklich trauert, ist es, als sei für ihn nun auch ein Teil des eigenen Menschen gestorben und als läge er selbst in einem Grab.

Dort, in dem Grab, das nun die eigene Seele ist, ist Maria Magdalena dem toten Christus näher als anderswo. Die Außenwelt ist gleichsam ins Unwirkliche weggestorben. Die Lebensenergie, die sich bisher nach außen wenden konnte, hat sich in die Tiefe der Seele zurückgezogen. Wenn irgend etwas vom

Leben weitergeht, dann dort im verborgenen Dunkel der eigenen Seele. Es ist dann nichts gewonnen, wenn wir einem Menschen wie Magdalena sagen: Das Leben geht weiter, Kopf hoch! Nein, das Leben geht zunächst nicht weiter. Die Trauer will nicht abgestreift, sondern durchwandert sein. Der dunkle Schleier, den Trauernde tragen, tut, was auch die Tränen bewirken: Man nimmt die Welt nur noch wie durch einen Schleier wahr. Trauernde scheinen oft abwesend, wie schlafend, und sie sind es auch. Ihre Seele hat eine andere Aufgabe. Sie wacht an einem tiefen, dunklen Ort und will dort nicht gestört sein.

Während nun Maria Magdalena vor dem Grab im Garten steht, wendet sich jemand an sie, den sie nicht genau wahrnimmt. Der Fremde sagt: Warum weinst du? Wen suchst du? Sie meint, es sei der Gärtner und sagt zu ihm: Wenn du ihn weggetragen hast, dann sage mir, wohin. Da hört sie plötzlich ihren Namen: Maria! Sie fährt herum und erkennt den, den sie sieht: Mein Meister! ruft sie. Da hört sie ihn noch einmal: Rühre mich nicht an! Ich bin noch im Übergang zwischen Tod und Leben. Ich bin unterwegs zu meinem Vater.

Vor den Augen der Maria reißt der Schleier auf. Es ist, als würden alle Schatten weggerissen. Licht von drüben strahlt auf. Die Lebenskraft in Maria bricht wieder hervor. Es ist, als breche das Wasser, das sich in der Tiefe der Berge gesammelt hat, in einer Quelle wieder ans Licht. Indem Christus ihr als der Lebendige erscheint, steht mit dem neuen, inneren Bild des Meisters auch sie selbst auf. Von da an wird sie nicht mehr die stumme Totenwache in der Tiefe ihrer Seele halten, sondern im Gepräch mit dem inneren Christusbild auch das Gespräch mit den Menschen wieder aufnehmen. Sie hat ihre Kraft wiedergewonnen und eine neue, aus der anderen Welt kommende, dazu.

Sie kann den Auferstehenden nicht fassen. Rühre mich nicht an, sagt er ihr, ich bin noch im Vorübergehen. Aber so, im Vorübergehen, spreche ich dich an. Im Vorübergehen darfst du mich sehen. Du darfst selbst wach werden und auferstehen. Ich bin dir, auch wenn du mich nicht greifst, nahe.

Maria empfängt nicht Jesus zurück, wie sie im ersten Augenblick gemeint haben mag. Aber sie empfängt die Gegenwart des Christus. Und vor allem: Sie wird auf den Weg gesandt: »Geh!« Sie empfängt den Auftrag, aus sich herauszutreten und zu reden: »Sage meinen Brüdern!« Sie soll also sich selbst und ihre Erfahrung aus dem Abstand sehen und verstehen lernen und darin aufs neue zu der Jüngerin werden, die dem Meister dient. Andere sollen ihn durch sie schauen, wie sie selbst ihn geschaut hat. Darin ist sie ganz und endgültig aus der Zone der Trauer ins Leben getreten. Der neue Mensch hat in ihr angefangen zu leben. Nun wird er wachsen und reifen, bis er Gott selbst schauen wird von Angesicht zu Angesicht.

Die Bibel kennt zwei verschiedene Lebensläufe, die ineinander spielen. Da ist einmal das normale Menschenleben, das mit der Geburt beginnt und mit dem Tode endet. Da ist aber zum anderen das Leben des inneren Menschen. Dieses beginnt erst im Laufe der Jahre und durchdringt und durchformt im Laufe der Zeit das Leben des äußeren. Es endet nicht, sondern reicht über den Tod hinweg in die Auferstehung und bestimmt die neue Gestalt des Menschen in seinem neuen Dasein in der anderen Welt.

Die Bibel sagt: Irgendwann im Lauf dieses Lebens muß dieser neue Mensch in uns geboren werden, entstehen und wachsen, und sei es in den letzten Jahren, wenn wir alt werden und äußerlich nur noch abnehmen. Dann muß etwas anderes wachsen und reifen und die Gestalt formen, in der wir unseren Schritt in die Ewigkeit tun: In dir, du Mensch, muß Christus zur Welt kommen, der christusförmige Mensch, der Sohn Gottes, die Tochter Gottes.

In diesem Zusammenhang spricht das Evangelium geradezu von einer Metamorphose, einem Gestaltwandel des Menschen in den Sohn oder die Tochter Gottes. Wenn man mich fragt, was der Sinn des Lebens sei, antworte ich: unsere Verwandlung in den neuen, inneren Menschen und der Beginn des bleibenden Menschen mitten in diesem begrenzten Leben. Was da in uns werden soll, das ist verletzlich und schutzbedürftig wie ein Kind. Es gilt, es zu hüten und zu fördern und nicht an Altem und Altgewordenem in uns selbst festzuhalten.

Was ist am Ostermorgen wirklich geschehen? Vieles an den Berichten des Neuen Testaments erscheint uns massiv und vordergründig, gelegentlich fast naiv. Aber das ist oft so bei Erfahrungen seelischer oder geistiger Art, denen wir Menschen, selten genug, begegnen.

»Als der Sabbat vorüber war, kauften Maria Magdalena, Maria, die Mutter des Jakobus, und Salome Salben, um den Leib Jesu zu balsamieren. In der Frühe des ersten Tages der Woche kamen sie zum Grab, als eben die Sonne aufging, und fragten sich bang: Wer wälzt uns den Stein vom Eingang des Grabes? Da blickten sie auf und sahen: Der Stein war abgewälzt. Sie traten hinein und sahen einen Jüngling in weißem Gewand an der rechten Seite sitzen und erschraken. Sie hörten: Fürchtet euch nicht! Ihr sucht Jesus von Nazareth, den Gekreuzigten! Er ist auferstanden! Er ist nicht hier. Seht her: Das ist der Platz, an den er gelegt war. Kehrt um und sagt den Jüngern und Petrus, er werde nach Galiläa gehen, euch voraus. Dort werdet ihr ihn sehen, wie er gesagt hat. Da stürzten die Frauen aus dem Grab und flohen, denn Angst und Grauen ergriff sie, und sie sagten niemandem etwas, denn sie fürchteten sich.« (Markus 16,1-8)

Wer eine Erfahrung macht an der Grenze seiner Fassungskraft, hat keine Sprache dafür. Eine Sprache hat man nur für Dinge, die uns gemeinsam und gewohnt sind. So schafft der überwältigte Mensch aus der großen Erfahrung einen hilflosen Bericht, den der andere vielleicht versteht. Da sind dann nicht die Einzelheiten wichtig, sondern nur das Erlebnis: Ich habe ihn lebendig gesehen! Und wir können von den Bildern, in denen er spricht, zurückfragen nach dem, was ihm begegnet sein muß und was ihn mit einem Schlag so plötzlich verwandelt hat. Wir wissen über diese Vorgänge heute mehr als in früheren Zeiten, in denen man über das leere Grab stritt. Ich persönlich bin überzeugt: Maria Magdalena und die Jünger von Emmaus sind dem wirklichen, dem auferstandenen Christus begegnet. Und ich erwarte, daß mir in der Stunde meines Todes eine solche Begegnung widerfahren wird, die mich verwandelt und die mir die Welt hinter den Grenzen unsere Menschenwelt eröffnen wird –, ob ich nun heute die angemessene Sprache dafür finde oder nicht.

Was also ist geschehen? Eine visionäre Begegnung. Eine Lichterscheinung. Eine Stimme. Und das plötzliche Wissen: Das ist er! Anweisungen werden gehört, tröstliche Worte. »Friede sei mit euch.« »Selig sind, die nicht sehen und doch glauben.« »Ich bin bei euch alle Tage bis an der Welt Ende.« »Nehmt in euch auf den heiligen Geist.« »Ich will euch den Geist Gottes senden.« »Geht, macht zu Jüngern alle Völker.« Und andere. Aber von den ersten, den Frauen, denen das widerfuhr, wird erzählt, sie hätten zuerst zu niemandem davon gesprochen, weil ihnen unheimlich gewesen sei. Als sie dann sprachen, da bemühten sie sich zu erklären: So war es. Nein, so! Aus ihrer Verwirrung lösten sich die Geschichten, die wir lesen.

Da ist die Sache mit dem Stein. War er abgewälzt? Er muß wohl, so dachten sie, die von der Erfahrung der Frauen hörten, bewegt worden sein, sonst hätte Jesus ja das Grab nicht verlassen können. Als brauchte einer, der vom Tode aufersteht, einen freien Ausgang, als böten ihm Stein und Erde ein Hindernis! Und wie ist es mit dem leeren Grab? War das Grab leer? Die von der Erfahrung der Frauen hörten, konnten es sich nicht anders vorstellen als so, daß demnach der Leib Christi nicht mehr im Grab war. Ich bin überzeugt, daß der tote Leib an jenem 9. April des Jahres 30 im Grab war. Auch ich selbst, das heißt der Körper, den ich verlassen werde, werde im Grab bleiben. Ich werde aber in einer neuen Gestalt auferstehen. Der alte Körper hat seinen Dienst getan und darf, wie es ihm bestimmt ist, »wieder zu Erde werden«. Hat nicht Paulus im 1. Korintherbrief, Kapitel 15, genau dies gesagt: Es gibt einen alten Körper, der stirbt, und einen ganz andersartigen neuen, der aufersteht? Wozu muß das Grab leer sein? Wir müssen also zwischen der Ostererfahrung und den hilflosen Deutungen unterscheiden, die sie unter ihren Zeugen gefunden hat. Andererseits ist Ostern auch keine Legende, die von der Unzerstörbarkeit des Lebens reden soll. Ostern ist kein Gedankenprodukt, das trösten soll. Ostern ist eine Erfahrung, die von realen und dabei ganz andersartigen Vorgängen, als wir sie kennen, redet.

Nach allem, was ich im Laufe eines langen Lebens erfahren habe, bin ich überzeugt, daß das, was wir Tod nennen, die Rückseite einer ganz anderen Art von Leben ist. Ich werde die größere Welt sehen und dabei verstehen lernen, wer das ist, der diese Welt geschaffen hat: der Schöpfer des Lebens, auch mein Schöpfer.

Ich gehe also mit Maria Magdalena im Garten meines eigenen Daseins, meiner eigenen Gedanken und begegne dabei nicht einer vergangenen Geschichte, nicht einem Grab, nicht einem toten Christus, sondern höre meinen Namen und weiß: Hier ist der Mensch in mir gemeint, dem Leben zugedacht ist: lebendiges, bleibendes Leben.

Was bringt die Auferstehung des Christus Neues? Hat er die Auferstehung neu in die Geschichte der Menschheit hineingebracht? Sind die Menschen vor Christus nicht auferstanden? Beginnt also mit Christus überhaupt erst dieser Überstieg von Raum und Zeit und jenes Dasein in der ganz anderen Dimension? Ich kann mir das nicht vorstellen. Seit der Steinzeit haben Religionen in allen Erdteilen gewußt, daß ein sterbender Mensch ein andersartiges Leben vor sich hat, das diesem Leben folgt. Der Gedanke klingt auch im Alten Testament an. Zur Zeit Jesu ging der jahrhundertealte Streit unter den Juden zwischen denen, die die Auferstehung glaubten, und denen, die sie nicht glaubten, erbittert hin und her, etwa zwischen den Sadduzäern am Tempel und der breiten Bewegung des Pharisäismus. Ich glaube, daß die Auferstehung eine Tatsache ist, die in der Schöpfung mit gesetzt war und ist und die die Menschen immer wieder ausgedrückt haben, indem sie taten, was auch die taten, die die Ostergeschichte überlieferten: eine überwältigende Erfahrung in hilflose Bilder zu kleiden.

Was bringt uns dann die Auferstehung des Christus Neues? Bemerkenswert bleibt, daß alle Osterberichte davon sprechen, die Menschen hätten Worte gehört, die Christus ihnen zusprach. Das bedeutet, daß die entscheidende Ebene, auf der solche Erfahrungen gemacht werden, nicht die des Sehens ist, sondern die des Hörens. Wir wollen immer wieder sehen, wie Thomas, und hören immer wieder: »Selig sind, die nicht sehen und doch glauben.« Das heißt: Selig sind, die ein waches Ohr haben. Wir sprachen schon im Zusammenhang mit dem Gebet in Gethsemane davon und sagten: Entscheidend ist nicht das Auge, sondern das Ohr, das Hören. Was hörten sie damals, und was hören wir heute?

»Friede sei mit euch«, hören sie. Stoßt eure Köpfe nicht wund an eurer Angst vor dem Tode. Schaut ihn an, er ist nicht das Ende. Er ist eine Tür, die anderswohin führt. Er ist nicht euer Feind. Geht ihm entgegen wie einem Gast, der euch besucht, mit dem Gruß des Friedens. »Ich bin bei euch alle Tage bis an der Welt Ende«, hören sie. In mir ist Gott nahe. Ihr seid nicht verlassen, was immer geschehen kann. Ihr braucht nur den Mund aufzutun, so hört Gott. »Nehmt hin den heiligen Geist«, sagt er, den Geist der Lebendigkeit, der Kraft, den Geist des Mutes und der Hoffnung, den Geist der Liebe und des Verstehens. Ihr seid niemandem gegenüber iso-liert. Wer immer vom Geist Gottes erfüllt ist, lebt, wirkt im Großen oder im Kleinen, hilft, tröstet, rät oder deutet, was geschieht. Er verändert die Welt. Er öffnet sie und gibt den Menschen den Blick hin-über in ihre Zukunft. »Macht zu Jüngern alle Völ-ker«, sagt er. Und gibt uns den Auftrag, unbeküm-mert, ob unser Wort paßt oder nicht, zu sagen, was wir glauben und was uns mitgegeben ist.

Was Christus auf dieser Erde gesagt hat, das gilt nun. Das ist nicht eine Zeiterscheinung gewesen unter anderen. Das gilt. Der Auftrag, den er wäh-rend seines irdischen Lebens gegeben hat, war von Gott, und er will seine Fortsetzung: Was ich auf die-ser Erde gesagt habe, behält seine Wahrheit. Ihr selbst, die mich hören, werdet, wenn ihr sterbt, in ein neues Leben eintreten, nicht einfach in eine ewige Langeweile, sondern in ein von Gottes Geist bewegtes, das neue Ziele und Aufträge gibt, in Rich-tung auf das Gottesreich, bis endlich Gott alles in allem sein wird. Ihr werdet hinübergehen mit allem Unfertigen an euch, mit allen Wunden, die euch das Leben geschlagen hat. Ihr werdet erwachen als schauende, wissende, erkennende Söhne und Töch-ter Gottes. Ihr werdet dem Licht und der Liebe Gottes begegnen. Nicht so, daß ihr nach Jahren oder Jahrhunderten wieder auf diese Erde zurück-kommen, euch reinkarnieren und ein neues Erden-leben beginnen werdet. Davon habe ich nie etwas gesagt. Sondern so, daß eine Wandlung in euch ge-schieht in immer größerer Freiheit und Weite, in ein immer näheres und stärkeres Leben in Gott. Darum: »Friede sei mit euch.« – Das Entscheidende an Ostern war und ist, was Christus in jenen Tagen danach gesagt hat.

Ein Nebengedanke: Die Kirche hat in ihrer Geschichte immer wieder Wert auf die »Auferstehung des Leibes« gelegt. Sie wollte damit etwas Einfaches sagen. Der Leib war für den antiken und den mittelalterlichen Menschen das Merkmal der Person, das Merkmal seiner Einheit, seiner Unverwechselbarkeit, seiner Eigenheit. Die Christen früherer Jahrhunderte wandten sich, wenn sie von der Auferstehung des Leibes sprachen, gegen die Vorstellung mancher Mystiker, der Mensch werde sich nach seinem Tode in Gott auflösen, wie ein Wassertropfen sich im Meer auflöst. Sie wollten sagen: Nein, der Mensch behält sein Wesen und seine Eigenheit, sozusagen seinen Umriß als Person. So redeten sie von einem »geistigen Leib«, ähnlich wie die ersten Christen in ihren Osterberichten von der Befreiung des Christus sprachen, indem sie von einem Stein erzählten, der weggewälzt worden sei. Der »Leib«, der auferstehen wird, ist ein Bild, das an unserem hiesigen Dasein abgenommen wird. Für uns heute gehört der Gedanke von der Auferstehung des Leibes zu den entbehrlichen Stücken des christlichen Glaubens.

Ich möchte sagen, was ich glaube: Jeder, der dies liest, hat die Freiheit, es sich anders vorzustellen.

Daran liegt nicht viel. Die Welt, in die wir eintreten werden, wird eine Welt sein ohne die primitiven Maße von Raum und Zeit. Ich stelle mir eine andere Art von Beweglichkeit vor, als sie uns vertraut ist, von einem Ort des Raums zum anderen, und eine andere Art von Ewigkeit als die, die wir uns hier ausmalen. Ewigkeit ist für uns hier die Vorstellung einer unendlich langen Zeit. Sie wird mit Zeit aber nichts mehr zu tun haben. »In meines Vaters Hause sind viele Wohnungen«, sagt Jesus. Viele menschliche Gedanken und Vorstellungen werden dort Raum finden, und sie werden alle überwunden sein. Darum streitet nicht darüber. »Friede sei mit euch«, sagt uns Christus, der Auferstandene.

Am dritten Tag, nachdem sie den Stein versiegelt hatten, geschah der Aufbruch. Es begann ein neuer Weg. Und wir hören Jesus sagen: Wenn du deinen Weg finden willst, dann geh zu den Menschen und sage ihnen, was du von der Auferstehung der Toten weißt. Gib die Wahrheit weiter, die du an mir erkannt hast. Schaffe nicht dem Tod Raum, sondern dem Leben. Laß die Angst hinter dir und die Müdigkeit und komme mir entgegen auf deinem Weg, dem Weg, der dir von Gott bestimmt und eröffnet ist.

Selig sind, die reinen Herzens sind.
Sie werden Gott schauen.

Maria Magdalena schaute dich, Jesus,
und wir glauben, daß sie Gott schauen wird.
Später.
Auch wenn sie eine Dirne gewesen sein sollte,
eine Unreine, wie man sagte.
Aber was ist das, ein reines Herz?

Ist es das unberührte Herz?
Das vom Schmutz und vom Elend dieser Erde
abgeschirmte, nicht angetastete? Nein.
Ein reines Herz, das ist eines,
das sein Interesse an seiner Unberührtheit aufgab,
frei von der Suche nach dem eigenen Glück
und der eigenen Reinheit.

Es ist ein Herz, das durchlässig ist
für den Geist und die Lebendigkeit Gottes,
das Medium ist für den Willen Gottes
und für seine Liebe.
Ein reines Herz ist ein lebendiges,
waches, von Leid und Klage
rund um die Erde betroffenes Herz.

Es ist das empfindende Herz,
das hungert und dürstet nach Gerechtigkeit
für die Leidenden,
ein Herz, wie das Hohelied der Liebe sagt,
das trauert über das Unrecht

und sich freut über die Wahrheit.
Es wird Gott schauen.
Ihm werden die Augen aufgehen
auch für den verborgenen Gott,
für alle Rätsel und Abgründe des Daseins
und für den Sinn, den sein Leid hatte.

Selig sind darum, die hoffen –
nicht auf bessere Zeiten,
sondern auf Gottes Reich.
Selig sind, denen das Heute, das Morgen
und die Ewigkeit eins sind.
Eins die Stille, die Tat und die Hoffnung.

Selig sind sie. Sie haben festen Stand.
Sie wirken mit an einem lohnenden Tun.
Sie finden ihren Weg und ihr Ziel.
Und das Leben, das volle, liegt vor ihnen.

Nachspiel

Pfingsten und der Geist

Als das Pfingstfest kam, waren sie alle an einem Ort versammelt. Da kam plötzlich ein Brausen vom Himmel wie von einem gewaltigen Wind und erfüllte das Haus. Es erschienen ihnen Flammen wie zerteiltes Feuer, und der da kam, der Geist aus Gott, ließ sich auf einen jeden von ihnen nieder. Sie wurden alle erfüllt von heiligem Geist und fingen an, in allen Sprachen zu reden, wie der Geist ihnen gab, sie auszuprechen.« (Apostelgeschichte 2,1-4)

Pfingsten war und ist bis heute in Israel das Fest der Gerstenernte, der Höhepunkt des Frühlings. An jenem Tag, sieben Wochen nach dem Passa, so wird erzählt, trafen sich die ersten Christen in Jerusalem zu einer ihrer heimlichen Versammlungen. Illegal, im Untergrund sozusagen. Die Türen waren verschlossen, denn draußen ging die Gefahr um, der öffentliche Spott oder die öffentliche Gewalt, die nach ihnen suchte. Angst beherrschte die Szene. Plötzlich sei etwas nicht recht Faßbares geschehen. Es sei wie ein Sturm durchs Haus gefegt, etwas wie ein Feuer. Irgend etwas, das sie erst später verstanden, habe sie elementar erfaßt. Alle Angst sei verflogen, eine Ekstase habe sie ergriffen, sie hätten gestammelt, gerufen in unverständlichen Lauten. Und plötzlich hätten sie mit Mut und Entschiedenheit in aller Öffentlichkeit von dem vor so kurzer Zeit hingerichteten Meister reden können. Sie begriffen plötzlich die Vision, die ihnen Jesus in den Jahren in Galiläa vor Augen gestellt hatte: Das Reich Gottes ist nahe. Der Geist Gottes ist da. Die neue Schöpfung aus dem Geist beginnt. Mit euch, ihr Menschen, muß etwas geschehen, eine Art Neuschöpfung, eine Art neuer Geburt aus dem Geist, aus jenem Geist, aus dem ihr kommt, der im Anfang der Schöpfung war und der nun wieder gegenwärtig ist. Und von einem Tag auf den anderen werden sie fähig, die Türen nach draußen zu öffnen, ihrer Obrigkeit und der Stimmung im Volk frei gegenüberzutreten und zu sagen, was ihnen widerfahren war. Pfingsten, das ist die Gegenwart des Geistes Gottes, der Anfang der Geistesgegenwart unter den Menschen.

Was ist das: Geist Gottes? Das Wort bezeichnet die Nähe Gottes in allem, was ist, in Dingen, in Ereignissen, in Worten, in Menschen, in allem, was lebt und besteht. Schöpferische Wirkkraft ist gemeint, sprießende Lebendigkeit, Helligkeit, durchscheinendes Licht. Was Gottes Geist ist, schildert das Neue Testament im Gleichnis des Windes, eines sanften Hauchs oder auch eines Sturms; als ein leises, durchdringendes Wort, das durch die Geister und Herzen der Menschen geht, auch durch den Mund dann und wann eines berufenen Sprechers oder eines unbequemen Rufers; ein Wort auch, das von Gott zu uns dringt durch das Schicksal, das wir erfahren, durch Führung und Fügung unseres Lebensganges.

Es ist schwer zu deuten, was das ist. Die Bilder wechseln. Man steht da wie auf einem Vorgebirge am Meer. Da dringen Wellen ans Ufer, von weit her kommend, schlagen an, verlaufen sich, rinnen zurück, kommen wieder. Was wir von Gott und seinem Geist erfahren, das kommt irgendwie, dringt vor in unser Bewußtsein und zieht sich wieder zurück, um wiederzukommen. Da taucht ein Bild auf, wird unscharf, zerrinnt, und ein anderes kommt an seine Stelle, andeutend oder erzählend. Man »hat« den Glauben nicht. Da formt sich ein Gedanke, verklingt, ein zweiter kommt und verläuft sich, wird vergessen. Das einzig Gewisse ist, daß die Wellen wiederkehren, von weit her, in immer wieder anderer Gestalt.

Der Geist ist wie ein Wanderer, der über die Erde geht, der nirgends bleibt, der kommt, wenn es ihm gefällt und weiterzieht. Niemand besitzt ihn, niemand hält ihn fest, niemand setzt ihm eine Grenze. Feinfühligkeit ist nötig, Bescheidenheit, Wachheit der Sinne und des Herzens, um ihn zu empfinden. Jesus sagt es so: »Der Wind weht, wo er will, und du hörst sein Sausen wohl, aber du weißt nicht, woher er kommt, noch wohin er fährt. So ist jeder, der seinen Ursprung in Gottes Geist hat, jeder, der aus dem Geist neu zur Welt kam.« (Johannes 3,8)

Ich wage mir kaum auszudenken, was geschähe, wenn wir plötzlich anfingen, mit der Gegenwart des Geistes Gottes ernsthaft zu rechnen. Wenn wir also glauben könnten, daß die Wahrheit nicht das ist, was uns überliefert ist, daß das Leben nicht in Gewohnheiten besteht, sondern in Einbrüchen, Wandlungen und Erkenntnissen. Wenn wir also plötzlich Phantasie von oben bekämen und Lebenskraft für unsere Seele. Es könnte eine Fortsetzung der Schöpfung sein.

Die Bibel vergleicht den Menschen immer wieder mit einem Baum. Er soll aufrecht stehen, verwurzelt in der Erde, durchströmt von Saft und Kraft, der Offenheit des Himmels zugewandt. Sie sagt damit: Du Mensch bist kein Stein, der daliegt und nur noch abgeschliffen oder zerbrochen werden kann. Es kann noch etwas aus dir werden. Du hast die Kraft in dir, zu wachsen und zu reifen. Du hast noch etwas vor dir. Du bist noch zu etwas berufen. Um dich her wirkt der Geist Gottes. Es wächst kein Strauch ohne Gottes Geist. Es formt sich kein Blatt ohne Gottes Geist. Es reift keine Frucht ohne Gottes Geist. Es wächst aus dem Zerfall alter Bäume keine junge Pflanze ohne Gottes Geist. Dieser Geist der Lebendigkeit und der Wandlung greift nach dir und treibt dich über deinen augenblicklichen Zustand hinaus in ein lebendigeres Leben.

Wo der Geist am Werk ist, wird ein Mensch fähig, ungewohnte Gedanken zu fassen. Er wird fähig, etwas zu tun, zu dem er sonst nicht die Kraft hat. Er gewinnt eine Zuversicht, die er sonst von nirgends her bekommt. Treibt uns wirklich der Geist Gottes, dann treten wir nicht nur für die Freiheit der Christen ein, sondern für die Freiheit der Menschen. Dann kämpfen wir nicht nur um die Versöhnung zwischen den Konfessionen, sondern auch um die Versöhnung zwischen den Völkern und den Machtblöcken. Treibt uns der Geist Christi, dann haben wir Freundlichkeit nicht nur für Freunde, dann beziehen wir vielmehr den Feind mit ein. Dann machen wir nicht nur den Menschen Mut, mit denen wir verbunden sind, sondern geben der entmutigten, resignierten, tristen Menschheit die Hoffnung, die sie zum Leben braucht. Treibt uns der Geist, dann richten wir unsere Hoffnung nicht nur auf ein Reich, das später ist und am Ende kommt, sondern wir rufen das Reich Gottes herein in das Gefüge der Reiche dieser Erde.

Geht es uns um weniger, etwa um unser privates Seelenheil oder um die Bewahrung der Machtverhältnisse auf dieser Erde, dann lohnt es sich nicht, Pfingsten zu feiern. Denn wir stehen heute an einem Endpunkt der Menschengeschichte auf dieser Erde, wenn sich uns nicht Wege öffnen, die wir bislang für ungangbar hielten, wenn dem Menschengeist nicht etwas Neues einfällt wie der Wind und das Feuer am ersten Pfingstfest, wenn uns nicht etwas einfällt über Wege zum Frieden, über Wege zur Gerechtigkeit, über Wege zur Rettung der Schöpfung. Heute steht greifbar und mit brutaler Deutlichkeit entweder das Ende oder ein Neuanfang vor uns. Was wir heute tun, mit oder ohne den

Geist aus Gott oder gegen ihn, entscheidet darüber, wie die Welt morgen aussehen wird. Wir brauchen Mut zum Tun und Wirken, Kraft für Entscheidungen, die schwerfallen, öffentliches Stehvermögen für das Recht und stellvertretendes Einstehen für die Wehrlosen, die Armen und die um ihr Menschenrecht Geprellten.

Das Pfingstereignis ist der Anfang der Kirche. In der überwältigenden Erfahrung von Wind und Feuer ist sie erstanden. Aber das ist es eben: Hätte die Kirche, hätten die Christen etwas an sich von Feuer oder Sturm, brauchten sie nicht zu fragen, was Geist Gottes sei. Wo in aller Welt sollten wir warten und wachen und für den Geist bereit sein, wenn nicht in einer noch so tief schlafenden Kirche, in der sich immerhin die sammeln können, die einen neuen Anfang suchen? Wenn wir das Wort Kirche hören, sehen wir eine Unzahl von Kirchen und Gruppen und Gemeinschaften, die allesamt überzeugt sind, die eine wirkliche Kirche zu sein. Aber der Geist Gottes meint nicht eine Gruppe oder Sonderkirche, sondern die eine heilige Kirche rund um die Erde. Wenn wir einmal begriffen haben, was Gott von seiner Kirche will, werden uns die einzelnen Konfessionen vielleicht liebenswert, aber unmaßgeblich sein. Für mich ist die Zeit der Konfessionen ganz einfach vorbei. Die Grenze zwischen evangelisch und katholisch oder umgekehrt ist einfach nicht so etwas wie eine

Grenze zwischen Wahrheit und Irrtum. Der Geist weht, wo er will, und über jede Stelle, an der einmal der Geist geweht hat, kann Windstille eintreten, geistlicher Smog. Wahrheit ist nur, wo der Geist weht.

So stellen wir uns eine Kirche ohne Herrschaft und Hierarchie vor, eine Kirche, in der der Geldbedarf nicht eine Herrschaft der Besitzenden begründet, der Bedarf an Ordnung nicht die Herrschaft der Ängstlichen, der Wille zur Glaubwürdigkeit nicht die Herrschaft der Moralwächter. Wir brauchen die Kirche als ein gemeinsames Haus. Nur wer ein Ziel hat, findet den Begleiter, den er für seinen Weg braucht, und nur wer ein Ziel vor sich hat, hält die Wanderung durch. Wenn ich »Kirche« höre, fällt mir etwas sehr Menschliches und etwas sehr Großes zugleich ein. Und ehe ich bereit wäre, sie aufzugeben, müßte mir erst etwas Besseres gezeigt werden, etwas, was deutlicher zeigt, was es mit dem Geist Gottes auf sich hat. Darin bin ich bis heute, nach über fünfzig Jahren des Suchens und Nachprüfens, nicht fündig geworden. Ob es uns gefällt oder nicht: Am Ende steht die Kirche, die arme Kirche, die den Geist empfängt. Und heute stehen wir auf eine sehr bedeutungsvolle Weise nicht am Ende, sondern an einem der vielen Anfänge des Christentums.

Was aber geschieht mit uns selbst, uns Einzelnen? Jesus sagt: Wer das Reich Gottes sehen will, muß einen neuen Anfang machen. Wer nicht aus Wasser und Geist neu geboren wird, findet meinen Weg nicht. Der Wind weht, wo er will, und du hörst sein Sausen wohl, aber du weißt nicht, woher er kommt und wohin er geht. Wer aus dem Geist geboren ist, hat seinen Anfang anderswo als in seiner Geburt. Er wird am Ende ein anderes Ziel finden als in seinem Tod.

Ein anderes Mal sagt er: Du bist wie ein Acker. In den fällt ein Wort wie ein Samen. Er läßt geschehen, was dann geschieht, und es wächst aus ihm das Neue, die Frucht. Was dann in dir wächst, das ist mit dir identisch, und es ist auf seltsame Weise auch etwas ganz anderes. Was in dir wächst, das ist die Tochter, der Sohn Gottes. Dieses Kind aus Gott kann durch Gefahr und Gewalt und selbst durch den Tod gehen und findet seinen Weg. Die Gleichnisse von der Geburt und vom Acker sagen dasselbe.

Es ist entscheidend, daß wir einmal im Leben den Ruf hören, der uns wirklich angeht: »Folge mir nach!« Dieses irgendwann in uns fallende Wort weckt in uns den neuen Menschen, der bleibt, wenn der alte zerfällt. Der Kreuzweg, wie wir ihn hier miteinander gegangen sind, kann ein solches Wort für uns bedeuten. Wir werden dabei bemerken, daß wir dem Sinn unseres Daseins und unserem eigenen Wesen dann näher kommen, wenn wir erkennen, daß wir mehr sein können, als wir sind.

Wir leben nicht in zwei verschiedenen Welten. Es gibt nur eine Welt. Die ist größer, als wir meinen, und hat Dimensionen, die uns unzugänglich sind. Wir sind Wesen im Übergang aus der kleinen in die größere Welt, im Übergang in die Freiheit. Wir stehen gleichsam am Ufer zwischen den verschiedenen Bereichen oder Zonen oder Schichten der Wirklichkeit und wandeln uns von der einen in die andere hinüber.

Dies ist eine Hoffnung. Noch stehen wir überall vor Rätseln, die nicht lösbar sind, jenseits derer wir aber die Auferstehung glauben. Noch leiden die Menschen unter den Dunkelheiten, aber jenseits der Dunkelheit glauben wir die Auferstehung. Noch werden wir in dieser Welt über das Leid nicht hinauskommen. Aber wir glauben die Auferstehung.

Es gibt Rätsel, die nicht lösbar sind und hinter denen nur noch die Auferstehung kommt. Es gibt Dunkelheiten, unter denen der Mensch leidet und von denen er nicht geheilt werden kann. Dahinter ist nur die Auferstehung. Man kommt in dieser Welt nicht aus dem Leiden und aus der Mühsal heraus. Aber man kann die Auferstehung glauben und den Geist. Die Konflikte bleiben, die Schmerzen, die Rätsel bleiben. Aber man schaut voraus auf die Auferstehung.

Wir brauchen nicht alles zu wissen. Wir denken in Bildern und ahnen zugleich, daß alles noch einmal anders sein wird, als unsere Bilder es sich ausmalen. Wir müssen nicht alles verstehen. Aber wir können offen sein für das Unbekannte und Neue, das mit uns geschieht.

Wir warten auf das, was Gott tut. Dann tun wir, was Gott erwartet. Das ist alles. Handeln bedeutet: entlastet und im Frieden das tun, was Gott in seiner Welt durch unsere Hand tun will. Dankbar, gelassen, vertrauend.

Wir können dann sagen: Es gibt Gefahren, gewiß, aber ich brauche mich nicht zu fürchten. Alle meine Pläne können scheitern, aber ich bin getragen. Ich kann schwach werden, aber ich brauche nicht auf eigenen Füßen zu stehen. Alles kann mir genommen werden, aber nichts brauche ich festzuhalten. Es liegt mir, was ich brauche, ungefährdet in der Hand. Ich bin bedroht, aber ich brauche mich nicht zu wehren. Ich weiß Tag um Tag nicht, wie ich mich davor bewahren soll, schuldig zu werden, aber Gott mißt mich nicht an meiner Unschuld, sondern an meiner Liebe zu denen, die gleich mir schuldig sind. Dies ist der Grund, warum Jesus in seinen Abschiedsreden den Geist Gottes den »Tröster« nennt.

Wir finden am Ende die Sorglosigkeit, in der wir unsere Sorge Gott anheimgeben: in der Gelassenheit, die dort einkehrt, wo der Wille Gottes an die Stelle unseres Willens getreten ist.

Sind wir nun am Ziel? Nein. Wir empfangen mit dem Geist Gottes die Kraft, uns wieder an den Anfang zu stellen, zu den ersten Blättern dieses Buches, und noch einmal – und immer wieder – den Weg der acht Tage zu gehen, jedesmal ein wenig wacher, ein wenig offener für das, was mit uns geschehen soll, und jedesmal ein wenig näher dem reinen Herzen, das in allen Dingen Gott schaut.